ZHAODAI
JINGYING
GUANLI BANFA JI
FUWU JINGYAN XUANBIAN

招待所经营管理办法及服务经验选编

鞠洪恩 编著

图书在版编目（CIP）数据

招待所经营管理办法及服务经验选编/鞠洪恩编著. —北京：经济管理出版社，2012.10
ISBN 978-7-5096-2076-2

Ⅰ. ①招… Ⅱ. ①鞠… Ⅲ. ①旅馆—经营管理 ②旅馆—商业服务 Ⅳ. ①F719.2

中国版本图书馆 CIP 数据核字（2012）第 184745 号

组稿编辑：张丽生
责任编辑：孙 宇
责任印制：杨国强
责任校对：超 凡

出版发行：经济管理出版社
（北京市海淀区北蜂窝 8 号中雅大厦 A 座 11 层 100038）
网 址：www. E-mp. com. cn
电 话：（010）51915602
印 刷：北京广益印刷有限公司
经 销：新华书店
开 本：720mm×1000mm/16
印 张：14.25
字 数：300 千字
版 次：2012 年 11 月第 1 版 2012 年 11 月第 1 次印刷
书 号：ISBN 978-7-5096-2076-2
定 价：40.00 元

“要做好服务工作。”

——毛泽东

（1967年9月26日毛泽东主席亲临京西宾馆时所做的指示。摘自《京西宾馆馆史》，第13页）

前言
PREFACE

招待所是党政机关等单位所设接待宾客或所属单位来往人员住宿的处所。新中国成立后，各级政府机关、军队、企事业单位都相继建立了自己的招待所。其主要任务是为本单位服务，接待会议、办公、来往出差人员并提供食宿。当时为接待国际友人、东欧援建专家和各国华侨、港澳同胞，各地分别兴建了一批设施、设备条件相对较好的高级招待所。这些招待所是以完成政治和外事任务为主，经历了半个多世纪的发展，积累了丰富的经验，完成了它各个历史时期的历史使命。为护送革命使者、传递密令信息，为各时期的重要会议、国际友好人士提供安全、可靠的场所，为世界各地来客营造温馨舒适的家园。招待所坚守本色，始终忠实地履行着自己神圣的使命，创建了有中国特色的管理服务模式，是中国式接待服务的“摇篮”。

随着改革开放政策的深入贯彻和我国旅游事业的迅猛发展，从 1984 年底，相关军队、企业、事业单位的招待所相继对社会开放，接待广大群众和旅游者，为社会服务。这对搞活经济、繁荣市场发挥了积极的作用，取得了一定的社会效益和应有的经济效益。在建设有中国特色社会主义理论的指导下，招待所的经营管理随着市场的需要，在规模上、设施上也日益完善，改变了以往仅提供单一的吃、住服务的情况，而向旅游饭店方向发展，按旅游饭店的标准实行规范化、制度化、科学化、现代化管理，向宾客提供优质的服务。这样就需要有高水平、高素质的管理。

笔者多年从事接待服务工作，与招待所接触、打交道较多，收集、积累了有中国特色、符合国情的一些资料和经验，汇编成册奉献给全国各地的招待所乃至旅游服务业的宾馆、饭店参考借鉴。

本书承蒙总参谋部管理保障部原部长冷德贵、政委赵国旗、副部长巴本强以及招待局、京西宾馆管理局领导和专家的阅正。在编写的过程中得到了国务院机关事务管理局宾馆招待所管理司的热情支持与帮助，在此谨表诚挚的感谢。

由于笔者水平有限，经验不足，难免有缺点、错误，敬请广大读者批评、指正。

目录
CONTENTS

第一章 招待所概述

招待所是随着中国共产党的诞生，在党领导中国人民进行革命和建设的过程中产生和逐步发展起来的。在中国广大人民群众之间享有较高的信誉。它出色地完成了中国革命各个时期的历史使命，至今它仍是广大人民群众所向往、所信赖和首选的具有中国特色的接待服务部门，是当今工薪阶层、普通群众外出、观光、旅游、办公、出差等最理想的居住地。

招待所的产生和发展

日出东方，1921 年 7 月 23 日，中国共产党召开了第一次全国代表大会，正式向中国、全世界宣告了中国共产党的诞生。中国共产党的诞生，犹如一轮红日跃出东方，照亮了黑暗的中国，指明了中国革命的前进方向。1923 年 6 月，党的第三次全国代表大会确立了建立国共合作的革命统一战线的策略。1924 年，国共两党第一次合作，开始了会议和交往活动，于是对内接待工作随之产生。

1927 年 8 月 1 日，南昌起义打响了武装反抗国民党反动派的第一枪后，中国共产党有了自己的军队，建立了革命根据地，成立了自己的政府，后勤管理服务机构、交际处、招待所等服务部门随之产生（在“白区”、“攻占区”叫交通站或秘密接待站）。其主要特点：一是密切为政治服务；二是条件简陋，站点秘密；三是任务特殊，既是接待服务，又是交通联络，还要承担营救、保护、护送、转移等多项艰巨任务。

1937 年 1 月 13 日，毛泽东和中共中央机关从保安迁到延安。

1939 年初，陕甘宁边区召开了第一届参议会建立了陕甘宁边区政府，选择林伯渠为边区政府主席。在延安有一个陕甘宁边区政府下属的接待单位——交际处。交际处设有三个科，即联络科、接待科和行政科。作为延安的窗口，交际处接待了来延安访问的八方来客，其中不仅有民主人士、国民党政府的党政要员、社会贤达、开明绅士等，还包括白求恩、柯棣华、金斗奉、中外记者参观团及美军观察组等外国来宾。延安交际处为中国共产党统战工作作出了重大贡献。鲜为人知的是，延安交际处还是中国共产党情报工作的重要阵地。同披着宾客外衣从事情报活动的国民党军统等派系派来的特务进行必要的或明或暗的斗争。该处收集了大量的情报、获取了军统的密电码等，成功破译了国民党联络参谋之间的大量来往密电，为中国共产党有关决策提供了重要的情报依据。

随着中华人民共和国的成立和民主建设、国民经济的发展，从中央到地方，省、市、地、县各级政府建立的同时建立起后勤保障、交际接待服务部门和内部的招待所，军队、厂矿事业单位也相继建立了自己内部的招待所，主要任务是为政治服务，为本单位、本系统举办会议和公务出差人员服务，实行供给制、实报实销，不讲经济核算，不对社会开放。

新中国成立初期，为了接待国际友人、苏联和其他一些东欧国家的援建专家及各国华侨、港澳同胞，我国各地分别兴建了一批设施、设备条件相对较好的招待所。这些招待所以完成外事任务或政治接待任务为主，不讲经济核算，实行传统的经验管理，这些招待所为新中国的建立和经济建设发挥了历史性的重要作用。改革开放后，这些高级招待所又为我国旅游事业的发展作出了巨大的贡献，其仍是旅游、接待服务的骨干力量，担负着重要的政治、经济、贸易等繁重的任务。

招待所在改革开放时期的变革

党的十一届三中全会以后，随着我国经济的发展和实行对外开放政策，旅游事业迅猛发展，长期形成的封闭状态被打破，各地区、各部门之间的交往日益增多，推动了机关招待所事业的发展。在原有供给制和管理机制已不适应形势的发展的情况下，为充分发挥现有招待所的作用，党中央、国务院和有关部门及时制定了有关的规定和办法。

（一）整顿招待所

新中国成立前后机关政府建立的招待、交际接待部门，其主要任务是为政治服务，为本单位、本系统服务，不讲经济核算，不讲成本，很多招待所被本单位和个人长期占用造成很大浪费。中共中央、国务院及时发出通知，整顿招待所，要求挖掘潜力，扩大接待规模，提高房间使用率，增加收入，加强经济核算自负盈亏；严格收费制度，实行企业化经营；加强监督管理等重要措施（参见本章附录一、附录二）。

（二）实行事业单位企业经营统一财务管理办法

财政部根据中共中央、国务院有关整顿招待所的精神，颁发了《财政部关于行政机关招待所财务管理暂行办法》，从 1982 年 1 月 1 日起试行。规定中明确了招待所的主要任务是为各级党、政机关出差、开会人员提供食宿及会议服务；招待所实行事业单位企业经营办法；招待所要加强经济核算，不断改善经营管理，提高房间、床位利用率，提高服务质量，便利群众，增加收入；招待所要报经工商行政管理部门登记，发给营业执照，按规定向当地税务部门缴纳工商税。从此结束招待所长期吃“皇粮”的供给制度，使招待所的经营管理走向正轨，前进了一大步。

经营机制的转变转换，使招待所适应了市场经济的发展要求，成为依法自主经营、自负盈亏、自我发展、自我约束的经营单位；成为独立享有民事权利和承担民事义务的企业法人。

按照体制改革的要求实行管理职能和服务职能分开，推荐承包经营责任制，改革内部管理制度，按市场经济要求改革劳动用工、人事和工资制度。管理干部实行聘任制，职工实行劳动合同制。职工个人收入同招待所经济利益和个人劳动贡献挂钩；改革经营方式，面向市场，以消费者需要为导向，调整产品结构，遵循价值规律和竞争规律，自主经营。学习借鉴国内外宾馆、饭店和旅游业先进管理经验，努力提高自身管理水平。为各级机关服务，为广大人民群众服务，为旅游者服务，为中国庞大旅游业发展服务，做坚强稳固的补充和后盾（参见本章附录三）。

（三）招待所对社会开放

随着改革开放的不断深入发展，社会团体各层次交往越来越多，整个国内住店难、吃饭难问题日益突出，北京市工商局于 1984 年发布招待所对社会开放的通知，以缓解住店难、吃饭难的问题，为社会服务。从此招待所一改过去单一为本单位服务模式，实行内外两面服务，展开了一业为主多种经营，积极参与市场竞争。由坐店业客型管理向保内向外的开放经营型管理转变。

从此招待所在管理思想上有开放观念、市场观念、竞争观念；在管理组织上，建立健全市场开发，预订服务和公共关系等机构；在管理方法上，吸收先进管理方法，向先进的旅游饭店学习。管理者树立增强了市场意识、信息意识和价值意识，为招待所的全面升级发展打下基础（参见本章附录四）。

招待所的地位和任务

（1）招待所一般隶属于本级行政主管部门，现无业务垂直领导系统。实行独立行使职责，是一个事业单位，实行企业化管理。在机关后勤工作中占有重要地位，为机关工作正常运转发挥着保护作用。

（2）招待所在本级主管部门的直接领导下，为本级机关服务、为本级部门负责、为本级政治任务和经济效益而工作。

（3）招待所以接待本级各部门的会议和接待出差办公的人员为主，在完成本级主管部门的任务情况下，向社会开放，接待各方面的宾客，最大限度地满足社会需求，提高经济效益。

（4）招待所要认真贯彻执行党的路线、方针政策，遵守国家的法律、法令以及有关的规定。

（5）招待所要坚持讲政治、讲服务、讲效益的指导思想，全心全意地为机关服务、为广大宾客服务。

（6）招待所要保持和发扬党的光荣的优良传统和作风，培养和形成讲奉献、讲文明、守纪律、宾客至上、服务第一的精神。

（7）招待所要在新的历史时期，更好地适应改革开放、建设有中国特色社会主义的需要，培养造就一支政治合格、作风过硬、纪律严明、业务精通的员工队伍，促进招待所的全面发展和建设、适应市场经济发展的需求。

（8）招待所要不断开拓创新，根据本地区的人文特点、风俗习惯和本部门的发展需要，不断开发新品种、新品牌、新项目，满足人民生活水平不断提高和不同层次的消费需求。

（9）招待所要适时地更新换代，运用新的科学技术成果，使招待所管理现代化、科学化、服务标准化、人性化，不断输入最新血液，跟上时代的发展。

招待所的使命与辉煌

招待所是伴随着中国革命和社会主义经济建设产生和发展，肩负着历史所赋予的使命。招待所为党、为国家和各族人民作出了应有的贡献，为各级党、政、军机关正常运转发挥着重要保障作用。招待所是机关后勤保障事业的重要组成部分，是机关开展各项业务工作的物质基础和基本保证。

招待所作为机关后勤保障的接待服务部门，是机关精神文明建设的一个重要窗口，其接待服务的好坏，直接影响着机关的作风和形象。

招待所是在中国革命的发展中诞生的，是中国式的、是具有中国特色的接待服务的先驱。几十年来在实践中积累了丰富的经验和方法，是中国式接待服务的典范，是老百姓心目中的一颗明珠。它已成为广大人民群众、工薪阶层外出公务、休闲旅游度假等的首选居住地。诚实、素朴、方便、简捷、物美价廉、安全放心等在广大人民群众中产生共鸣。

招待所现已对社会开放，并参与市场竞争。为缓解住店难，为我国的旅游事业、第三产业的发展和社会主义建设事业作出更大、更多实实在在的贡献。

八十多年来招待所凝聚了多少历史风烟，铭刻着多少历史真谛。八十多年的岁月，流传着无数英雄的故事。回顾过去，展望未来，招待所将以更加饱满的热情、更加扎实的工作，为广大人民群众服务、为社会服务，用更加优异的成绩去拥抱更加美好的明天。

五 招待所的机构设置

招待所根据自身特点，遵照组织原则，设置适合自己需要的组织机构。招待所的组织机构因招待所规模、等级、服务内容、服务方式、管理模式等方面的不同而不同，要以方便指挥领导、精练快速为宾客提供优质服务为原则，不要照搬照套，防止机构臃肿，人浮于事。

1. 一般中等招待所组织机构

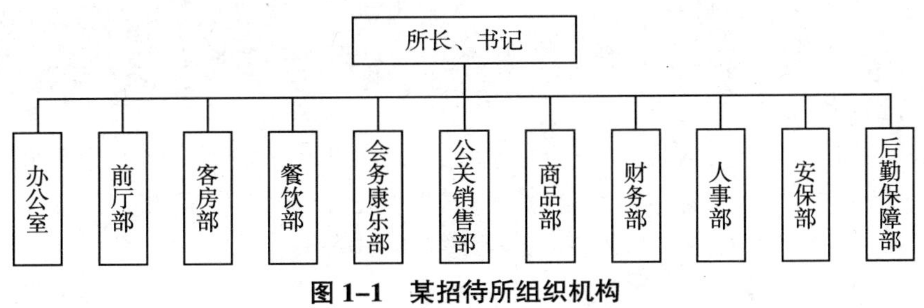

图 1–1　某招待所组织机构

2. 规模较小的招待所机构设置

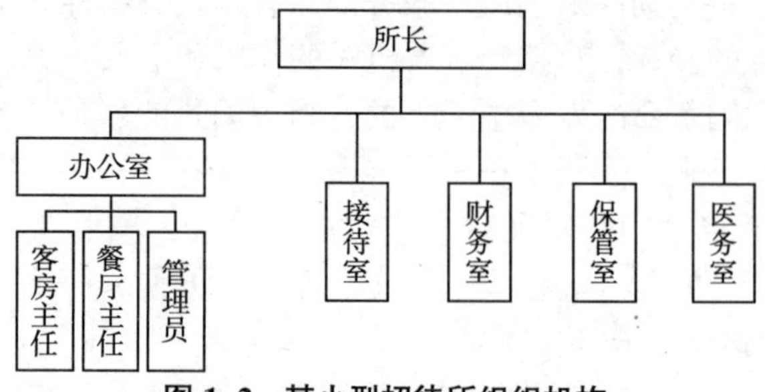

图 1–2　某小型招待所组织机构

在全国大、中、小城市和乡、镇，小型的招待所随处可见，是广大人民群众、机关、团体外出办公和旅游的首选住处，深受广大群众的信任和欢迎，它们一般都不设置下属职能部门，而是在所长的直接领导下，设置专业、专职的负责人，称呼也各不相同，如称主任、助理员、班长、组长和管理员等。直接指挥领导、办事迅速快捷、无中间环节、工作效率高，是多数招待所的选择。

六　招待所的等级

1997 年，中央国家机关制定了《中央国家机关宾馆招待所分等定级标准》摘录如下：

（一）特级宾馆招待所

特级宾馆招待所应具有接待专业会议和中型以上会议的能力，设施、设备配套良好，符合要求。服务水平一流，技术力量雄厚。管理规范化，具有较完备的管理制度和安全、保卫制度。

1. 建筑物

房屋结构及温度、隔热、隔音性能良好，内外装修美观大方，总建筑面积不小于 4500 平方米，布局合理，名称牌匾庄重醒目，地理位置交通方便。

2. 前厅

（1）有与接待能力相适应的前厅，面积不小于 60 平方米，装饰高雅，配有沙发或舒适坐椅、时钟和公用电话。

（2）设迎宾员和值班经理。

（3）提供小件行李和贵重物品寄存服务。

（4）在醒目位置设置服务指南、价目表、市区交通图、飞机航班及列车时刻表等宣传品。

☞ 3. 总服务台

有与宾馆招待所规模相适应的总服务台，设在前厅的适当位置，与前厅格调一致，分区段设置接待、问询、预订、结账等服务项目。提供 24 小时服务。

☞ 4. 客房

（1）数量及要求：有 50 间以上可供出租的客房，并均设卫生间，标准间面积不小于 15 平方米（不包括卫生间面积），卫生间面积不小于 4.5 平方米。套间数量不少于客房总数的 5%。

（2）装修及家具：天花板、墙面、地面用中高档材料装修，布置舒适，光线充足，格调雅致。有质量较好的软垫床、沙发或扶手椅、茶几、衣橱、写字台、台灯、床头灯，床头多功能控制柜、窗帘等配套家具、用具。

（3）卫生间设备：有质量较好的抽水恭桶、带台面的面盆、梳妆镜、带淋浴喷头的浴缸或淋浴器、浴帘，配备有统一宾馆招待所标志的面巾、浴巾、小方巾和洗漱用品、卫生用品，地面有防滑设施，有良好的照明和排风系统。24 小时供冷、热水。

（4）电器及通信设备：有空调、彩色电视机、闭路电视系统及可通过总机挂通国际国内长途的电话。

（5）宣传用品：备有信封、信纸、笔、馆所简介、价目表、住宿须知、服务指南、安全疏散示意图等。至少备有一种报纸。

（6）服务及要求：提供叫醒、送餐、洗衣等服务，24 小时提供开水（饮用水）并免费提供茶叶。重要客人做到跟踪服务，做好记录。

☞ 5. 餐厅

（1）有与接待能力相适应的大、小餐厅和民族餐厅，总营业面积不小于 300 平方米，其中大餐厅面积不小于 200 平方米。总体布局合理、装饰协调、光线适宜。有空调，通风良好，就餐环境舒适。小餐厅有宾客休息处，有字画或工艺品等陈设。

（2）家具、餐具、酒具、用具配套完好。

（3）使用布料桌布、口布。

（4）提供早餐、中餐、晚餐和夜宵。并根据宾客需求可提供宴会服务及自助餐、分餐服务。

☞ 6. 厨房设备

（1）红案、白案、开生间分开，有符合卫生标准的冷荤间，有足够的冷藏设备，有相应的洗刷和消毒设施。

(2) 卫生整洁，墙面满贴瓷砖，地面铺设防滑材料。

(3) 温度适宜，有完备的排风设施。

(4) 全部使用不锈钢或铝合金工作台、橱柜及优质的厨具、用具。

(5) 厨房与餐厅之间有隔音、隔热、隔气味设施。

☞ 7. 会议室

(1) 有与接待能力相适应的配套会议室，室内的天花板、墙壁、地面、门窗、照明设备等装修装饰良好适用。室内配有空调、高档沙发、茶几或会议桌椅，茶具用具齐备，大会议室有相应的音响设备。

(2) 会议室所在楼层适当的位置设公用电话，并分设供男、女宾使用的卫生间。

(3) 会议期间设有专职服务员提供服务。

☞ 8. 公共区域设施设备

(1) 有与接待能力相适应的停车场。

(2) 高层楼房有与客房数相适应的客用电梯。

(3) 室内公共区域有降温和采暖设备。

(4) 室内公共区域设应急照明设施。

(5) 楼层适当位置设服务台及公用电话。

(6) 搞好庭院绿化。

(7) 公共区域分设供男、女宾使用的卫生间。

☞ 9. 综合服务设施

(1) 有多功能厅、健身娱乐场所、理发室、商品部及复印、打字、传真等设备。

(2) 提供代售邮票和代订机票、车票等服务。

(3) 提供方便客人的投诉措施。

(4) 必要时提供就医服务。

☞ 10. 技术力量

(1) 管理人员须经过专业培训，并取得《岗位培训证书》。

(2) 上岗职工须经岗前培训。

(3) 服务人员与床位数比例适当。

(4) 客房：有高级客房服务员，初级和中级以上客房服务员应不少于客房服务人员的 30%。

(5) 厨房：有高级烹调师、面点师顶岗操作，初级和中级以上烹调师、面点师应不少于厨房制作人员的 40%。

(6) 餐厅：有高级餐厅服务员，初级和中级以上餐厅服务员应不少于餐厅服务人员的 25%。

（7）营养卫生：有兼职或专职的菜点营养分析人员和食品卫生管理人员。

☞ **11. 服务质量**

（1）服务人员严格执行《中央国家机关宾馆招待所服务规范（试行）》。

（2）设备设施完好率保持 100%。

（二）一级宾馆招待所

一级宾馆招待所应具有接待中型以上会议的能力，设施设备配套良好，符合要求。服务水平高，有较雄厚的技术力量。管理规范化，具有较全面的管理制度和安全、保卫制度。

☞ **1. 建筑物**

房屋结构及保温、隔热、隔音性能良好，内外装修适用大方，总建筑面积不小于 4000 平方米，布局基本合理，地理位置适宜，名称牌匾庄重醒目。

☞ **2. 前厅**

（1）有与接待能力相适应的前厅，面积不小于 40 平方米，装饰协调，配有沙发或坐椅、时钟和公用电话。

（2）设迎宾员和值班经理。

（3）提供小件行李和贵重物品寄存服务。

（4）在醒目的位置设服务指南、价目表、市区交通图、飞机航班及列车时刻表等宣传品。

☞ **3. 总服务台**

有与宾馆招待所规模相适应的总服务台，设在前厅的适当位置，与前厅格调一致，分区段设置接待、问询、预订、结账等服务项目。服务时间为 12 小时以上。

☞ **4. 客房**

（1）数量及要求：有 50 间以上可供出租的客房。设卫生间的客房不少于 40 间，且不低于客房总数的 60%。标准间面积不小于 14 平方米（不包括卫生间面积），卫生间面积不小于 4 平方米。

（2）装修及家具：天花板、墙面、地面用中高档材料装修，布置舒适；光线充足，格调雅致。有软垫床、沙发或扶手椅、茶几、衣橱、写字台、台灯、床头灯、床头多功能控制柜、窗帘等配套家具、用具。

（3）卫生间设备：有抽水恭桶、带台面的面盆、梳妆镜、带淋浴喷头的浴缸或淋浴器、浴帘，配备有统一宾馆招待所标志的面巾、浴巾、小方巾和洗漱用品、卫生用品，地面有防滑设施，有良好的照明和排风系统，12 小时提供热水。

没有卫生间的客房应在其楼层分设供男、女宾使用的卫生间，有专供宾客使用的男、女分设公共浴室，并提供相应的卫生洁具。

(4) 电器及通信设备：有空调、彩色电视机及可通过总机挂通国际国内长途的电话。

(5) 宣传用品：备有信封、信纸、笔、馆所简介、价目表、住宿须知、服务指南、安全疏散示意图等。至少备有一种报纸。

(6) 服务及要求：提供叫醒、送餐等服务，24 小时提供开水（饮用水）并免费提供茶叶。重要客人做到跟踪服务，做好记录。

5. 餐厅

(1) 有与接待能力相适应的大、小餐厅，总营业面积不小于 200 平方米。布局合理、装饰协调，光线适宜。有空调，通风良好，就餐环境舒适。小餐厅有宾客休息处，有字画或工艺品等陈设。

(2) 家具、餐具、酒具、用具配套完好。

(3) 使用布料桌布、口布。

(4) 提供早餐、中餐、晚餐和夜宵，并根据宾客需求可提供宴会服务及自助餐、分餐服务。

6. 厨房设备

(1) 红案、白案、开生间分开，有符合卫生标准的冷荤间，有足够的冷藏设备，有相应的洗刷和消毒设施。

(2) 卫生整洁，墙面满贴瓷砖，地面铺设防滑材料。

(3) 温度适宜，有较完备的排风设施。

(4) 使用不锈钢或铝合金工作台、橱柜及优质的厨具、用具。

(5) 厨房与餐厅之间有隔音、隔热、隔气味设施。

7. 会议室

(1) 有与接待能力相适应的配套会议室，室内的天花板、墙壁、地面、门窗、照明设备等装修装饰良好适用。室内配有空调、沙发、茶几或会议桌椅，茶具、用具齐备，大会议室应有相应的音响设备。

(2) 会议室所在楼层适当的位置设公用电话，并分设供男、女宾使用的卫生间。

(3) 会议期间设有专职服务员提供服务。

8. 公共区域设施设备

(1) 有停车场或回车线。

(2) 高层楼房有与客房数相适应的客用电梯。

(3) 室内公共区域有降温和采暖设备。

(4) 室内公共区域设应急照明设施。

(5) 楼层适当位置设服务台及公用电话。

(6) 搞好庭院绿化。

(7) 公共区域分设供男、女宾使用的卫生间。

☞ 9. 综合服务设施

(1) 有多功能厅、理发室、商品部及复印、打字、传真等设备。

(2) 提供代售邮票和代订机票、车票等服务。

(3) 提供方便客人的投诉设施。

☞ 10. 技术力量

(1) 管理人员须经过专业培训，并取得《岗位培训证书》。

(2) 上岗职工须经岗前培训。

(3) 服务人员与床位数比例适当。

(4) 客房：有高级客房服务员，初级和中级以上客房服务员应不少于客房服务人员的 15%。

(5) 厨房：有高级烹调师、面点师顶岗操作，初级和中级以上烹调师、面点师应不少于厨房制作人员的 30%。

(6) 餐厅：有高级餐厅服务员，初级和中级以上餐厅服务员应不少于餐厅服务人员的 20%。

☞ 11. 服务质量

(1) 服务人员严格执行《中央国家机关宾馆招待所服务规范（试行）》。

(2) 设备设施完好率保持 100%。

（三）二级宾馆招待所

二级宾馆招待所应具有接待一般会议的能力，设施设备条件较好，符合要求。服务质量较高，有一定的技术力量。实行规范化管理，具有较完备的管理制度和安全、保卫制度。

☞ 1. 建筑物

房屋结构及保温、隔热、隔音性能较好，内外装修得当，总建筑面积不小于 3000 平方米，布局基本合理，名称牌匾醒目。

☞ 2. 前厅

(1) 面积不小于 30 平方米，装饰协调，配有坐椅、时钟和公用电话。

(2) 提供小件行李和贵重物品寄存服务。

(3) 在醒目的位置设服务指南、价目表、市区交通图、飞机航班及列车时刻表等宣传品。

☞ 3. 总服务台

设在前厅的适当位置，分区段设置接待、问询、预订、结账等服务项目。

☞ 4. 客房

（1）数量及要求：有 40 间以上可供出租的客房，设卫生间的客房不少于客房总数的 30%，标准间面积不小于 12 平方米（不包括卫生间面积），卫生间面积不小于 3.5 平方米。

（2）装修及家具：天花板、墙面、地面用中档材料装修，布置舒适，光线充足。有软垫床、沙发或扶手椅、茶几、衣橱、写字台、台灯、床头柜、床头灯、窗帘等配套家具、用具。

（3）卫生间设备：有抽水恭桶、面盆、梳妆镜、带淋浴喷头的浴缸或淋浴器、浴帘，配备洗漱用品和卫生用品，地面有防滑设施，有良好的照明和排风系统，每日早晚定时供热水。没有卫生间的客房应在其楼层分设供男、女宾使用的卫生间，有专供宾客使用的男、女分设公共浴室，并提供相应的卫生洁具。

（4）电器、通信等设备：有电视机（标准间为彩色电视机）和可通过总机挂通国际国内长途的电话，有降温和采暖设备。

（5）宣传用品：备有馆所简介、价目表、住宿须知、服务指南、安全疏散示意图等（标准间备有信纸、信封、笔），至少备有一种报纸。

（6）服务及要求：提供叫醒等服务，24 小时提供开水（饮用水）。标准间免费提供茶叶。

☞ 5. 餐厅

（1）有与接待能力相适应的餐厅，总营业面积不小于 150 平方米。布局合理、装饰协调。有降温、采暖、通风设备，有较好的就餐条件。

（2）家具、餐具、酒具、用具配套。

（3）使用布料桌布、口布。

☞ 6. 厨房设备

（1）红案、白案、开生间分开，有符合卫生标准的冷荤间，有足够的冷藏设备，有相应的洗刷和消毒设施。

（2）卫生整洁，墙面瓷砖高度不低于 2 米，地面铺设防滑材料。

（3）温度适宜，有较完备的排风设施。

（4）使用不锈钢或铝合金工作台、橱柜及良好的厨具、用具。

（5）厨房与餐厅之间有隔音、隔热、隔气味设施。

☞ 7. 会议室

（1）有与接待能力相适应的会议室，家具、用具齐备。

（2）会议室所在楼层适当的位置设公用电话，并分设供男、女宾使用的卫生间。

8. 公共区域设施设备

(1) 有停车场或回车线。

(2) 高层楼房有与客房数相适应的客用电梯。

(3) 室内公共区域有降温和采暖设备。

(4) 室内公共区域设应急照明设施。

(5) 楼层适当位置设服务台及公用电话。

(6) 搞好庭院绿化。

(7) 公共区域分设供男、女宾使用的卫生间。

9. 综合服务设施

(1) 设小卖部。

(2) 提供方便客人的投诉设施。

10. 技术力量

(1) 管理人员须经过专业培训，并取得《岗位培训证书》。

(2) 上岗职工须经岗前培训。

(3) 服务人员与床位数比例适当。

(4) 客房：有中级客房服务员，初级和中级以上客房服务员应不少于客房服务人员的 10%。

(5) 厨房：有中级烹调师、面点师顶岗操作，初级和中级以上烹调师、面点师应不少于厨房制作人员的 20%。

(6) 餐厅：有中级餐厅服务员，初级和中级以上餐厅服务员应不少于餐厅服务人员的 10%。

11. 服务质量

(1) 服务人员执行《中央国家机关宾馆招待所服务规范（试行)》。

(2) 设备设施完好率保持在 90%以上。

(四) 三级宾馆招待所

三级宾馆招待所的接待服务设施设备应齐全、符合要求，服务质量较好。实行规范化管理，有管理制度和安全、保卫制度。

1. 建筑物

房屋结构及质量较好，内外装修得当，总建筑面积不小于 2000 平方米。布局基本合理，名称牌匾醒目。

2. 前厅

(1) 面积不小于 30 平方米，装饰协调，配有坐椅、时钟和公用电话。

（2）提供小件行李和贵重物品寄存服务。

（3）在醒目的位置设服务指南、价目表、市区交通图、飞机航班及列车时刻表等宣传品。

☞ 3. 总服务台

设在前厅的适当位置，承担接待、问询、预订、结账等服务项目。

☞ 4. 客房

（1）数量及要求：有 40 间以上可供出租的客房，客房多档次，标准间面积不小于 12 平方米（不包括卫生间面积），卫生间面积不小于 3.5 平方米。普通间每床占用面积不小于 4 平方米。

（2）装修及家具：天花板、墙面、地面用中档材料装修，布置舒适，光线充足。有软垫床、沙发或软椅、茶几、衣橱、写字台、台灯、床头柜、窗帘等配套家具、用具。普通间内应有硬床、软椅、衣架、写字台、台灯、床头柜、窗帘等家具、用具。

（3）卫生间设备：有抽水恭桶、面盆、带淋浴喷头的浴缸或淋浴器、浴帘，配备洗漱用品和卫生用品，地面有防滑设施，有良好的照明和排风系统，每日早晚定时供热水。没有卫生间的客房应在其楼层分设供男、女宾使用的卫生间，有专供宾客使用的男、女分设公共浴室，并提供相应的卫生洁具。

（4）电器、通信等设备：有电视机（标准间为彩色电视机）和可通过总机挂通国际国内长途的电话，有降温和采暖设备。

（5）宣传用品：备有馆所简介、价目表、住宿须知、服务指南、安全疏散示意图等（标准间备有信纸、信封、笔）。

（6）服务及要求：提供叫醒等服务，24 小时提供开水（饮用水）。

☞ 5. 餐厅

有与接待能力相适应的餐厅，卫生洁净，有降温、采暖设备，有较好的就餐条件。

☞ 6. 厨房设备

（1）红案、白案、开生间分开，有相应的洗刷和消毒设施。

（2）卫生整洁，墙面瓷砖高度不低于 2 米，地面铺设防滑材料。

☞ 7. 公共区域设施设备

（1）有停车场或回车线。

（2）高层楼房有与客房数相适应的客用电梯。

（3）室内公共区域有降温和采暖设备。

（4）室内公共区域设应急照明设施。

（5）楼层适当位置设服务台及公用电话。

（6）搞好庭院绿化。

（7）公共区域分设供男、女宾使用的卫生间。

8. 综合服务设施

（1）设小卖部。

（2）提供方便客人的投诉设施。

9. 技术力量

（1）管理人员须经过专业培训，并取得《岗位培训证书》。

（2）上岗职工须经岗前培训。

（3）服务人员与床位数比例适当。

（4）客房：初级或中级以上客房服务员应不少于客房服务人员的10%。

（5）厨房：初级或中级以上烹调师、面点师应不少于厨房制作人员的10%。

10. 服务质量

（1）服务人员执行《中央国家机关宾馆招待所服务规范（试行）》。

（2）设备设施完好率保持在80%以上。

附录一
《中共中央、国务院关于节约非生产性开支、反对浪费的通知》（摘录）

（1980年1月24日发布）

一、宾馆、招待所要挖掘潜力，扩大接待规模，提高房间使用率，努力增加收入。

二、宾馆、招待所的各种设施，要力求简朴实用，整洁卫生，反对豪华浪费。除经批准用于接待贵宾的以外，一律不得购置高级消费品。

三、严格收费制度。各地的收费标准，统一由省、市、自治区审订。收费标准过高的要降低。要坚持收费制度，不得少收费或不收费，不得免费供应烟、酒、糖、茶、水果和免费使用小汽车，不得用收入请客送礼和补贴伙食费。各级领导干部不准占用宾馆、招待所的房间和在宾馆、招待所内食宿。

四、宾馆、招待所要精简管理人员，扩大服务项目，加强经济核算。亏损单位要在一两年内逐步做到自负盈亏，否则国家财政不予补贴。有条件的地方，要把宾馆、招待所交给商业服务部门或旅游部门，实行企业化经营。宾馆、招待所要按时编报预算和决算，主管部门和财政部门要对它们的财务收支加强监督和管理。

附录二
《国务院批转商业部等单位关于整顿行政和企事业部门招待所的报告》

(1980 年 3 月 8 日发布)

在全国五届人大二次会议上，代表们对一些地方把国营旅社、饭店改为内部招待所以及利用招待所搞特殊化等问题提出了尖锐的批评，建议进行整顿。我们认为，代表们的批评和建议是正确的，应该尽快妥善解决。

新中国成立以来，国营旅社、饭店发展缓慢，旅客住店非常困难。有的地方不少旅客整天整夜排队，也住不上店。有的地方有些旅客只能在浴池过夜，影响浴池的营业和卫生，群众意见很多。特别是大中城市，旅客住店更为困难。在这种情况下，一些地方的党政领导机关和企业事业部门自己开设了一些内部招待所，安排来本单位联系工作的人员住宿，这是必要的。但是，也有一些行政和企业事业部门把国营旅社、饭店改为本单位本部门的内部招待所，化大公为小公。由于招待所不向国家上缴利润，不纳税款，收入全部归单位支配，不少单位利用招待所的收入随意开支，铺张浪费，助长了不正之风，群众反映强烈。

鉴于上述情况，经我们研究，对现有招待所提出以下整顿意见：

一、全国所有行政和企业事业部门的招待所，要按照中共中央文件精神，在一两年内逐步实行企业经营，独立核算，自负盈亏。具体办法由财政部商同有关部门另行规定。上述招待所应向所在地的市、县工商行政管理局进行登记。

二、全国所有的国营旅社、饭店，不经省、市、自治区商业部门批准，不得随意改为招待所。任何行政和企业事业部门，凡是 1966 年以后将国营旅社、饭店改为招待所的，应逐步归还商业部门，恢复原来旅社、饭店的业务经营。凡是以旅社、饭店名义或动用饮食服务部门的资金新建、扩建的招待所，应一律交给国营饮食服务部门经营。

三、全国所有行政和企业事业部门的招待所，要严格执行国家规定的收费标准和财务管理制度，不得巧立名目，任意提高收费标准和任意开支。各地财政等有关部门要加强对招待所的监督，所有招待所都要接受当地财政等有关部门监督和检查。

附录三
《财政部关于行政机关招待所财务管理暂行办法》

第一条 根据中共中央、国务院中发〔1980〕6号文件，国务院国发〔1980〕62号和〔1981〕121号文件有关整顿宾馆、招待所的精神和征税的规定制定本办法。

第二条 行政机关招待所（以下简称“招待所”），其主要任务是为各级党政机关出差、开会的人员提供食宿及会议服务。

招待所实行事业单位企业经营办法。

招待所要报经工商行政管理部门登记，发给营业执照。未经批准登记颁发营业执照的不得营业。招待所应按营业执照核定的经营范围经营，不准随意扩大经营范围。如有必要扩大经营范围的要经主管部门签署意见，向工商行政管理部门办理变更登记手续。

第三条 招待所要加强经济核算，不断改善经营管理，提高房间、床位利用率，提高服务质量。有条件的还可以增加服务项目，便利群众，增加收入。

第四条 招待所职工要树立全心全意为客人服务的思想，充分调动职工的积极性，认真做好接待工作。

第五条 招待所的人员配备，要按照精简的原则，由其主管部门提出，报有关部门核定。

招待所可根据工作需要，发给服务人员一定数量的工作服。具体办法可比照当地国营旅馆业的规定，由国务院机关事务管理局和各省、市、自治区规定。

招待所职工的工资福利待遇，实行国家机关工作人员的有关规定，所需费用由招待所从收入内开支。

第六条 招待所的设备要大众化、简朴实用。除少数房间可配置少量高档设备外，普通客房、会议室、礼堂原有的高档设备可以继续使用，过去没有配置的，一般不得配置。客房等级一般应按房屋结构、室内设备和房间面积等主要条件划分。但等级不宜过多，差别不要太大。

第七条 招待所的客房床位，会议室、礼堂等收费标准，要按照收支平衡、略有盈余的原则制定。其整体标准应适当低于当地国营旅馆同等类型客房床位、会议室、礼堂等的收费标准，由主管部门会同财政部门拟定执行，并抄报同级物价部门备查。现行收费标准高于新标准的，要立即降下来，不经批准不得提高收费标准。

任何人在招待所食宿都要照章收费，招待所不得免费接待或降低标准收费。

第八条 招待所的客人伙食要经济实惠，单独核算。客人伙食成本包括：主食、副食、调料、燃料、水电和5%左右的管理费。客人伙食要按照一般职工的生活水平和经济负担能力去办，尽量做到包伙制和食堂制两种伙食。

招待所职工食堂与不同标准的客人伙食之间都要单独核算，不得互相挤占。不准克扣客人伙食用于招待或以客房床位收入和其他收入补贴客人伙食。

第九条 招待所要进行清产核资，加强财产管理，建立和健全财产管理制度。要不断提高固定资产利用率，延长固定资产使用时间。

招待所的房屋、家具和设备应属于固定资产。固定资产基本折旧基金，一般可按固定资产的现值每年提取4%，全部留归招待所专款专用。

招待所要加强低值易耗品的管理。招待所的床上用品、卫生用具和茶具、餐具等应属于低值易耗品。单价在十元以上的，当年摊销50%，其余50%报损时全部摊销。单价在十元以下的，当年全部摊销。

招待所的财产物资从采购、验收、保管、领发、调拨、盘点、清查、维修、赔偿到报废，都要规定管理制度，必须由专人负责管理，按制度办事。

招待所的周转金，主要由自有资金解决。用于招待所正常经营周转，严禁挪用。

招待所的基本折旧基金的提取、使用和周转金的管理等具体办法，由国务院机关事务管理局和各省、市、自治区规定。

第十条 招待所应根据国务院〔1981〕121号批转《财政部关于机关、团体等单位所属宾馆、饭店、招待所征税的规定》，向当地税务部门缴纳工商税。

第十一条 招待所缴税后利润较多的单位，还应上缴一定比例的利润。少数亏损单位要限期扭亏为盈，国家不再补助。盈利单位实行利润留成办法，用于改善设备条件、职工集体福利和个人奖励。

招待所职工的奖金，要按照按劳分配的原则办理，不得平均分配。各种奖金总额，应低于当地国营旅馆业职工的奖金额度。对招待所的利润留成比例和留成的分配使用以及职工奖金的发放办法，由国务院机关事务管理局和各省、市、自治区规定。

第十二条 招待所要根据主管部门下达的任务指标和各项规章制度编报年度、季度财务收支计划，年终编报决算，上报主管部门。主管部门要认真审核招待所的收入、支出、资金、利润、床位使用率等主要指标，监督检查财务收支计划的执行情况，并负责将其所属招待所业经核定的年终决算汇总报送同级财政部门备案。

招待所要严格执行财务制度，遵守财经纪律。各项费用要严格按照标准掌握开支。要坚决执行社会集团购买力的规定。不得用公款请客送礼、看戏、看电影；不得免费供应烟、茶、糖、果等物品。各级领导机关不得将招待所当做自己的“小钱柜”，滥支滥用资金。

财政、银行部门有权监督检查招待所的财务制度执行情况。对不遵守财经纪律的招待所，应视情节轻重，报请有关部门严肃处理。情节特别严重的，应依法追究当事人的法律责任。

第十三条 招待所要按照规定配备专职财会人员。财会人员要切实按照《会计人员职权条例》履行职责。对不合理的开支有权拒付，对铺张浪费、弄虚作假、贪污盗窃等违法乱纪行为有权抵制，并向上级机关揭发检举，任何人不得阻挠和干预。各级领导干部要积极支持财会人员履行自己的职责。

第十四条 行政机关所属宾馆、饭店以及企业、事业单位所属招待所，应比照本办法执行。

国营商业经营的企业性质的旅馆、饭店以及外事部门和旅游事业所属宾馆、饭店，应分别按商业、外事或旅游等部门的有关规定执行。

单位内部设置少量简易接待房间床位的，不执行本办法。

第十五条 国务院机关事务管理局和各省、市、自治区，可根据本办法制定实施细则，并抄送财政部备案。

本办法自一九八二年元月一日起试行。

附录四
《关于饭店、宾馆、招待所要对社会开放的通知》(摘录)

(1984年12月12日北京市工商局发布)

一、凡在本市新办、新建的饭店、宾馆、招待所，不论是本市或中央和各省、市、自治区所属在京的企业，都要对社会开放（包括附设的餐厅、小卖部、各种营业厅），接待广大群众。今后新建的饭店、宾馆、招待所要设计成开放式的，凡不对社会开放的营业性饭店、宾馆、招待所，工商行政管理部门将不发给营业执照。

二、现有在京的饭店、宾馆、招待所，凡是有条件的，要对社会开放，接待广大群众，在力所能及的范围内为社会服务，以缓解本市住店难、吃饭难的问题。确因不具备对社会开放条件的，本着实事求是的精神，待条件具备后，再对社会开放。

三、凡对社会开放的饭店、宾馆、招待所，在办理变更营业登记和批准手续方面，各级工商行政管理部门要积极办理，给予方便。

第二章 政治建所

“政治工作是一切经济工作的生命线”，也是招待所工作的生命线，招待所要始终坚持为政治服务这个根本。要坚持正确的政治方向，把思想政治建设摆在首位。要紧紧围绕中心任务开展工作。用科学的世界观和方法论来教育人、启发人，充分发挥广大员工的积极性和创造性，提高招待所的整体素质，增强招待所的活力。在接待服务工作中，讲政治、讲服务、讲奉献、讲纪律。做到政治坚定、服务第一、无私奉献、开拓创新。

政治建所是各级各个招待所始终遵循的原则。以人为本是招待所领导坚守的信条，要始终坚持正确的政治方向，把思想政治建设摆在首位。高举马列主义、毛泽东思想、邓小平理论和“三个代表”重要思想的伟大旗帜，全面贯彻科学发展观，认真贯彻中央的方针政策和决策部署，齐心协力开拓进取。紧紧围绕中心任务开展工作，坚持用事业凝聚人心、用真情温暖人心，使招待所的员工队伍始终保持统一的意志和共同的目标。

招待所作为企业管理的事业单位，具有自己的特殊性，要充分发挥自己的优势，现在面临许多挑战，也有难得的发展机遇，要跟上改革的步伐，不断把招待所的建设推向前进。政治建所一般应解决好如下几个方面：

大力加强政治思想建设，充分发挥政治思想工作的服务保障作用

（1）切实把思想政治建设摆在各项建设的首位。政治思想工作是经济工作和其他一切工作的生命线。招待所是接待本地区本部门的重要会议的场所，任务本身就具有很强的政治性。做好思想政治工作，既是完成好中心任务的客观要求，又是招待所赖以生存的基本前提和看家本领。因此，必须始终如一地坚持把思想政治建设摆在各项工作的首位。教育全体员工坚定革命信念，站稳政治立场，无论在任何时候、任何情况下都与党中央保持高度一致，绝不允许发生任何政治上

的问题。

（2）按照"三个代表"的要求加强党组织建设，要充分认识"三个代表"丰富的思想内涵和巨大的现实指导作用，自觉把"三个代表"的要求落实到党的各项工作中去。招待所党组织建设要突出如下重点：

1）深入学习邓小平理论和江泽民关于加强党的建设的重要论述，坚持发扬理论联系实际，运用马克思主义的主张、观点方法解决好存在的重点难题。

2）要坚持民主集中制，加强集体领导，按照"集体领导、民主集中、个别酝酿、会议决定"的方针，重大问题由集体研究决定，然后按照党委集体领导下的首长分工负责制抓好落实。

3）要维护党委一班人的团结，大事小事多商量、有事无事常来往、急事难事互相帮。大事讲原则，小事讲风格，自觉维护党委的团结和权威。

4）提高党委的科学决策能力，对关系全局和长远建设问题要认真研究、反复论证、多方听取意见，避免决策上的失误。

（3）把思想政治工作同各种业务工作紧密结合起来，切实增强政治工作的凝聚力和战斗力。政治思想工作强调讲结合、讲渗透，就招待所来讲，政治工作必须紧紧围绕服务接待工作开展，渗透到服务接待工作的各个环节和全过程中，这样才能有新的活力，才能有所作为。当前的思想政治工作要突出以下内容：

1）加强理想信念教育、坚持马克思主义的指导地位，引导全体员工树立正确的世界观、人生观、价值观。

2）加强企业道德教育，培养以"四有"为核心的企业精神，牢固树立宾客至上观念，增强革命事业心和工作责任感。

3）加强拥护改革，服从大局的教育，以增强单位凝聚力为目标，做好释疑解惑、振奋精神的工作，使全体员工增强使命感和主人翁意识，把自己的切身利益与招待所的建设联系在一起，自觉拥护改革，焕发工作热情和干劲。

4）真正把大家的认识统一起来，把群众的智慧集中起来，把全所的力量凝聚起来，使全体员工团结一心，协调一致地为招待所的建设作出自己应有的贡献。

政治工作要为全国工作大局服务，为"打得赢"提供强大精神力量，为"不变质"提供可靠的政治保证。

（4）要在政治工作方法、手段、机制上创新，切实增强政治工作的针对性和有效性，要做到如下几点：

1）在政治工作的方法上，要形成自己的特点，对上级部署的教育任务，要从自己的实际出发，不能照抄照搬，搞"上下一般粗"。

2）在教育形式上，既要坚持自己的优良传统，又不能完全搬用机关的通常做法，要针对各类人员的思想特点和接受能力，因地制宜、因人施教，讲求实际效果。

3）在思想政治工作机制上，要改变“单打一”的现象，党委、支部一把手要抓政治思想工作，政工干部要发挥先锋作用，还要发动全体党员、班组长（主管、领班）一起来做，形成人人关心政治思想工作、人人来做思想政治工作的局面。切实把思想政治工作做深、做细、做实，充分发挥思想政治工作的服务保障作用。

正确处理政治效益与经济效益的关系，自觉把政治效益摆在第一位

政治效益是指经营活动产生的社会影响和政治后果。经济效益是指在经营管理上获得的实际利益。对于营利性宾馆、饭店来说，政治效益似乎并不重要。在市场经济的条件下，经营者追求的是如何实现最大的利润，但对招待所来说，其性质和职能决定了必须把政治利益置于优先考虑的地位。招待所要坚持政治效益第一，经济效益第二。政治效益第一是招待所任务决定的，但不能因经济效益第二就可以忽视。经济效益是基础的矛盾，在市场经济条件下，经济效益也显得相当重要，对此，一定要有清醒的认识，切实抓好政治效益和经济效益的双丰收。

（1）把提高政治效益作为立所之本，切实地把它摆在第一位。招待所是机关召开会议的主要场所，新中国历史上许多重要会议和重大事件都与各地相应的招待所联系在一起。从一定意义上讲，很多招待所具有历史见证的文物价值。现在和未来，招待所仍然是各级机关政府召开会议的首选地。招待所是属于机关部门，安全性、保密性强，在这里开会领导放心、机关放心、参会人员放心，另外就是招待所长期坚持政治效益第一产生的效应。政治效益虽然是无形的、潜在的，但在一定条件下，却可以转变为有形的现实资产，所以坚持政治效益第一是招待所的立所之本，任何时候都不能含糊。

（2）要把提高经济效益作为生存的基础，切实增强自身的“造血”功能。招待所虽然是事业单位，担负着政治性任务，但已断了“皇粮”，实行企业化管理，作为企业，就必须面向市场，遵循价值规律。因此，大力提高经济效益，不断拓宽生存发展空间，是摆在招待所面前一项重大而紧迫的课题，也是招待所建设的一个永恒的主题。现在是要闯市场，必须增强忧患意识、危机意识。如果经济效益搞不上去，不仅会影响到每个员工的切身利益，而且还会给机关、主管部门背上沉重的包袱，影响到大局的稳定。

（3）要坚持“两手抓”，确保“两个效益”双丰收。政治效益和经济效益各有不同的要求和作用。讲政治效益是要求招待所善于从政治上思考问题，处理问题。这样才能保持招待所建设的正确方向；讲经济效益，就是要求招待所善于驾驭市场经济规律，创造更多的物质财富，这样才能保持招待所的发展方向，看起来两者之间存在矛盾，但实质上它们是辩证统一、相辅相成的。政治效益上去了，就能进一步提高招待所的信任度和知名度，巩固招待所的政治地位，并在一定条件下，无形的政治资本还可能转换为有形的物质财富。经济效益上去了，就能进一步为完成政治任务提供可靠的物质保证，在讲究政治利益上就会有更大的作为，两者相互支撑、互相补充，相得益彰。因此，招待所要始终坚持一手抓政治效益，一手抓经济效益。政治上要有清醒的头脑，严格遵守国家的政策规定，做到不违法、不越轨。加强对全体员工的教育管理，保持内部的高度纯洁和稳定。经营上要精通业务，加强对企业管理知识的学习和研究，不断提高管理水平，要力争把招待所建成为政治上和经营上都过得硬的政治星级招待所。

搞好招待所的硬件和软件建设，切实提高面向市场的竞争能力

随着改革开放的不断深入和社会主义现代化建设的飞速发展，旅游业正成为国民经济新的增长点，得到各地各级政府的大力支持。现在各地的宾馆、饭店林立，硬件设施先进，经营手段多样，管理人才云集，市场竞争十分激烈。在这种情况下，各地招待所必须瞄准行业发展前沿，下大力搞好内部的硬件和软件建设，才能提高竞争能力，在高手如云的时代求得发展。

（1）要抓住机遇，在硬件建设上实现跨越式发展。一般的县级招待所都有几十年的历史，长期超载运作，设备陈旧老化，附属设备也不健全、不配套、不适应整个社会发展的需要，要参照本地区星级宾馆、饭店的标准，量力而行、整体规划、高效优质、分步实施。

1）在定位上要像招待所创业时那样，建设适应本地区发展的会议中心，要跟上当今世界发展的潮流，力争先进、完善、完美、安全。

2）在格调上，要突出以接待会议为主的特点，既要学习星级宾馆的长处，也要从自己的特点出发，在格调和品位上要形成自己的特色，一定要突出招待所的特征。

3）在运筹上，要发挥招待所的特有优势。既要立足实际解决问题，又要发挥自己的政治优势，虚心征求有关部门的意见，寻求多方给予支持。

（2）要苦练内功，在软件建设上迈向新台阶。招待所在过去的服务接待工作中，在软件建设上积累了很多成功的经验，都有自己的一套法则，要认真加以总结，并根据形势任务的发展变化，赋予新的内涵。总的指导思想是，更新观念、强化管理、提高素质、优化服务。

1）各部门领导干部要转变思想观念，提高专业技术水平。把转变思想观念作为软件建设的首要工作来抓，要克服“等、要、靠”的陈旧观念，发扬自力更生、艰苦奋斗的精神，树立靠天靠地不如靠自己的思想。要认真学习，深入钻研经济管理知识、企业管理知识，尤其是招待所的管理知识。在工作实践中，既要遵循招待所管理的一般规律，又要善于把握本所的特殊性，努力使自己成为招待所管理的高手。

2）要充分发挥各部门的职能作用，要站在全局的高度，树立“一盘棋”思想，把本部门的工作做好。各部门都要各尽其责、齐头并进，只有这样才能提高招待所集体效益。各部门之间要开展争先创优活动，努力保持荣誉，再立新功，促进各部门的各项服务工作更上一层楼。

3）牢固树立品牌意识。特别是要为重要特殊宾客建立生活档案，服务贴近宾客的生活习惯，使他们有一种到家的温馨感，各部门都要有一支过硬的骨干，创出自己的品牌。如要瞄准餐饮前沿，博采众家之长，鼓励创造“名师、名厨、名彩、名点”，形成独特的餐饮文化。要及时了解本行业的最新动态，及时调整自己的服务方略，把服务工作做得更周到、更细致、更符合宾客的要求，为招待所增光添彩。全所人员要树立客人就是上帝的思想，端正服务态度，讲究职业道德，树立文明之风。

4）要加大服务工作的技术含量，提高各类人员的业务素质。要把人才培养作为一项战略性任务来抓，在技术培养上，要加大投入、加大力度。练兵先练官，要从管理层抓起，有计划、有步骤地通过送学、集训等多种途径，使他们的素质得以提高，具备专业化、现代化管理水平。搞好技术骨干的部训，采取请进来、送出去的办法。对技术骨干的短期培训，采取传、帮、带的做法，广泛开展岗位练兵和岗位竞赛，鼓励行行出状元，并在收入分配上体现出来，要搞好一线服务人员的培训，对新招的服务人员，必须坚持先培训后上岗，先试用后走岗。

（3）整体推进，全面提高市场竞争力。从全国目前来看，各级各地的招待所在硬件方面比较落后，多是新中国成立初期的会场，有待改造，软件方面也有潜力需要开发。要根据本地区、本单位的情况把改造工作抓紧抓好，现在各个系统基本上都有自己的招待所，这就要求有较强的公关能力，各部门和服务接待的各个环节都要同心协力，真正把客人当做“上帝”服务好。总之硬件建设的周期长，具有一定的稳定性，而软件建设则可随机应变，做到与时俱进。要在改造硬件的同时，下大力气把软件建设搞上去。如果受客观因素制约，不易改变硬件建设滞后的局面，软件建设完全可以超前，做到以软件之长，补硬件之短。这样，就能够全面提高竞争能力，在市场竞争中立于不败之地。

（4）参与市场竞争的必要条件。当今时代是市场竞争的时代，我国的饭店业竞争越来越激烈，由于卖方市场供大于求，都为争夺客流用尽各种招数以便有自己的立足之地，竞争的必要条件有很多，最基本的要具备以下几个方面：

第一，合力。合力是招待所管理的关键，必须强调合力的作用，特别是各级领导班子必须是心同才有力合，招待所领导班子要做齐心合力、协作共谋发展的典范，在内部提倡三种作风：

1）提倡补合。在繁忙的日常工作中，每位领导、每个人都难免有疏漏失误和做错事的时候，在接待服务工作中，不能看笑话，不是急于去追究什么责任，不是忙于去埋怨，而是应该立即设法去补合，立即了解所发生的不足，尽量减少损失和影响。事后可总结经验、教训，以有利于今后工作的开展。

2）提倡让一步。在实际工作中，经常会发生意见不一致、做法不一致的情况，有时会争论不休。这时就应理智让一步，退一步海阔天空，冷静地想一想，换一个角度看问题，多想几个为什么，多几个点子，多几条路，心平气和地达到共同点，切不要固守一个理，死用一个法，解决问题的方法应是灵活多样的。

3）提倡容错。只要工作就难免会出现错误的时候，有错就要允许改正，不要一有错就“一棍子打死”，既要允许犯错误，也要容许改正错误，金无足赤，人无完人，这是人人都懂的道理，要给改正错误的机会使人有进步的空间，改正一个错误就前进一步，经验知识面就得到了丰富和提高。

合力是饭店勃兴的标志，要形成坚强的合力。

第二，实力。雄厚的实力是饭店在激烈竞争中取胜的基础，饭店的实力包括两个主要因素：有尽善尽美的服务；高效的无形服务和完美适用的有形设施、设备。

1）要有一支高素质、高质量、高水平的员工队伍。市场竞争，归根结底是员工队伍实力的较量，保持人才优势，尤其是骨干队伍的优势，是当今招待所管理者的重大课题。要有计划、有目的地抓好管理人员，特别是主管、领班的培养考核，增长业务骨干，有针对性地进行深造和训练，要提高员工的基本素质水平，要经过严格的培训才能上岗，有的单位往往做不到这一点，以干代训往往出问题，要拿出一定时间进行培训，要始终保持人才的优势，培训工作是无形的，周而复始的，不能间断的，是能够收到很好效益的智力投资，要形成一项制度，是饭店参与竞争的最大资本。能够提供尽善尽美、优质高效的服务。

2）不断地优化硬件设施。随着时代的发展，人们的需求越来越多、越来越高，要不断扩大经营规模、要有所发展，就要不断推出新项目、新品种、新版式、新品牌、名牌，形成规模经营、品牌经营，才能去抢占市场。设施设备要向现代化发展，要适时地更新换代，适应时代和本地区发展的水平，能为广大宾客和消费者承受和满意，要尽力发展绿色经营品种和体现文化品位。

第三，活力。活力是饭店生命的象征。饭店在激烈的竞争中，抢占市场必须在“活”字上下工夫，要主动适应市场需求，搞活经营，做活生意，用活政策，巩固扩大固定的客源，坚持来的都是客，不分你我他，大小生意同样做。活力体现在：

1）全员精神旺盛，有生气、有活力、神气十足，充满必胜的信念和信心，体现人气的活力。

2）灵活的经营模式，灵活地对待不同宾客的要求，不死搬硬套，有商量、有探讨的空间和余地，不把事情做死做僵。

3）机敏灵活地处理随时发生的问题。服务工作随时都可能发生预想不到的事，要有灵活的本领和能力，应急处理，灵活多变，见机行事，尽最大能力使宾客满意。

四 正确处理开源创新与勤俭节约的关系，不断提高招待所的经济效益

开源与节流是企业腾飞的双翼，两者并重并举，不可偏废，才能降低成本，提高效益。这要作为招待所永恒的问题加以研究。一般来说，招待所创收体现在三个方面，即客房、餐饮和商场。但只靠这几方面的创新显然是不够的，这就要求招待所开动脑筋，以创新的精神和求实的态度积极探索提高经济效益的办法，既要抓住“大”的，也不能放过“小”的；既要借鉴其他宾馆企业的有益经验，又不能完全照搬照套它们现成的办法；特别是既要广开创新门路，又要处处勤俭节约。

（1）实行目标管理。目标管理是现代企业管理中的成功经验和科学方法。要结合招待所的实际加以运用。实行目标管理的核心是独立核算，目的是降低成本，提高效益。这是硬功夫、真功夫、细功夫，不仅是各级领导要学懂弄通，明确成本管理在企业管理中的地位、作用、内容、方法，还要教育全体员工增强成本意识。要在各部门推行独立核算，实行目标管理，各个经营场所都要先确定消耗和盈利目标，并要把盈利招标层层分解，实行精确管理，才能减少消耗，降低成本，把经济效益搞上去。

（2）挖掘潜力。招待所发展到今天，一般都有了相当的实力和规模。在本地区都有一定的名气，具备了参与社会竞争、提高经济效益的基础和条件，现在的关键是要把能量和潜力发挥出来。

1）要大胆地走出去，把自己的品牌和名牌推向社会。很多招待所有许多项目，在内部很有名气，但却“养在深闺人不知”。要推出去，向机关、向企业、向公众供应，实行有偿服务，要打出品牌效应，不能“守着金饭碗讨饭吃”。

2）要热情地请进来，广开客源。客房是招待所创新的重头部分，要积极想

办法，以公关为先导，靠优质服务来保障不断增加客源。公关和服务是一个整体，两者不可偏废，要坚持公关与服务两手抓，两手都要硬，把内部潜力发挥出来。

3）要开发新项目，寻找新的增长点。招待所的服务项目由于历史的原因开发得比较少，要结合本地区的实际情况，开发当地干部群众所最受欢迎的服务项目以满足广大宾客的需求，要清楚认识到很多客人在选择住所时很关注一些必需的附属设施。全国县级以上的招待所，大部分都处在本地区繁华地带，要充分利用这个优势，把经营做宽、做细，使它发挥最大的效能。

（3）勤俭节约。勤俭节约、艰苦奋斗是中国共产党的优良传统，也是招待所长期形成的好作风。在这方面很多单位做了大量的工作，取得了一定的成绩，并涌现出各种节约标兵和先进典型。从目前一些招待所的情况看，浪费现象还一定程度存在，有的还比较严重。这种现象一定要改变，从一点一滴抓起。

1）要加强教育管理，坚持勤俭办事业。勤俭节约是我们的传家宝，任何时候都不能丢。家大业大，切忌大手大脚。要从节约一滴水、一粒米、一度电、一升油、一片纸等细微之处做起，在全所形成节约光荣、浪费可耻的氛围。

2）加强计划和预算，防止出现漏洞。招待所每年采购都花费很大，现在市场波动很大，要货比三家，如果手紧点，勤跑一点，就可能节省很多，反之就有可能在无形中流失。要加强采购的管理，清仓利库，减少积压。对采购人员要定期轮换，这样既对招待所负责，也是对员工的爱护。总之，要不断扩大创新，要勤俭节约，紧缩开支，杜绝浪费。

不断完善用人机制，营造人才脱颖而出的良好环境

企业的竞争是人才的竞争，归根结底是人才素质的竞争，邓小平同志早就指示：事业成败，关键在人。关键在于建设一支能够适应新形势、新任务要求的高素质领导干部队伍，人才济济，事业才能兴盛，这是历史和现实一再证明的真理。造就一支高素质的领导干部队伍和业务骨干队伍是强所兴所的关键所在。各部门的领导干部要政治立场坚定、思想敏锐、有较强的革命事业心和工作责任感，在业务上也要比较内行。各部门都要有一支业务技术精湛的人才队伍。招待所必须从战略的高度，充分认识抓好干部管理和技术骨干培养的极端重要性，采取得力措施，把招待所的这两支队伍建设好。

（一）要高度重视造就管理人才

一般招待所的干部队伍年龄偏高、知识面偏窄，急需充实知识丰富的年轻干部。一方面要打破论资排辈、求全责备的陈腐观念，在招待所内部发现人才；另一方面要放开视野、拓宽渠道，从社会上招揽人才。在选用干部问题上，要坚持党管干部，着眼政治用干部；坚持群众路线，尊重公论用干部；坚持优化结构，科学组合用干部；坚持依法办事，按照规矩用干部。切实把招待所管理层的干部队伍配强用好，使其保持勃勃生机。

（二）要大力培养技术人才

要注意发现那些政治思想好、热爱本职工作、有一定发展潜力的苗子，给予重点培养。同时要招聘一些急需的技术员工，以充实和提高招待所的技术员工队伍。对服务一线的员工要从源头抓起，严格政审、严格挑选、严格管理、严格要求，实行淘汰制，对老员工要不断加强教育，充分调动他们爱所如家的工作积极性和创造性。

（三）深化劳动人事制度改革，健全用人激励机制

要把竞争机制引入人事管理之中，深化人事制度改革。现在有的干部工作标准不高，只求过得去，不求过得硬；有的精神状态不佳，计较个人得失多，考虑事业需要少；有的进取精神不强，安于现状无所作为。要改变这种状态，必须在干部管理中引入竞争机制。

（1）逐步实行全员聘任制，要根据各招待所情况，分级、分层进行试验，取得经验后再在全员中施行。

（2）在实行全员聘任制的过程中，要实行竞争上岗，优胜劣汰，把群众中有能力、有才干的人用起来。不能走形式，要以事业为重，敢于打破情面，不搞迁就、照顾。通过这样的改革，要解决“干多干少一个样，干好干差一个样”和能上不能下等问题，做到能者上、平者降、庸者下，治一治懒人、庸人、闲人。

（3）在劳动人事制度改革中，要做到责、权、利相结合，对应聘上岗的要明确责任，给予相应的权利，并把个人的收入与个人能力和所作的贡献联系起来，克服变相“大锅饭”和平均主义。真正把简单劳动和复杂劳动区别开来。鼓励大家干事业、学技术、作贡献，营造出人才脱颖而出的条件和环境，争取涌现出一批优秀的管理人才和技术骨干。

关心爱护员工，充分调动其积极性和创造性

招待所的生存发展，归根结底是依靠全体员工的共同努力，日常对大家要求

高、管理严，是招待所生存发展的需要。作为招待所的员工，个人前途的发展与招待所的兴衰是紧密联系在一起的，搞好招待所的发展和建设，就是对大家最实际、最根本的关心。如果群众的利益得不到保证，他们的生活福利不能随着招待所的发展而逐步提高，那么他们为招待所作贡献的热情也就不可能长久保持。关心群众生活，也就是关心招待所的建设，一定要牢固树立群众观点，在解决群众关心的问题和实际困难上，一定要真心实意，真抓实干。

（一）要从政治上关心

对干部、员工的关心，首先体现在对他们政治上的爱护。要在全体干部中进行成长思源、成才思进的教育，使他们认识到自己的成长进步离不开党组织的培养和教育，作为一名党的干部，就要把党的事业放在第一位，兢兢业业地为党工作，切不可不思进取，贪图享乐。更不要因为自己的某些愿望得不到满足就牢骚满腹，犯政治上的自由主义，甚至动摇理想信念，对党的路线、方针、政策产生怀疑。要始终保持共产党的政治本色。要发扬党的好传统、好作风，把招待所办成一所大学校、大熔炉，使他们在这里学有所长健康成长。即使是一个临时工，也要加强政治思想教育，使他在政治上不断进步。

（二）注重搞好群众福利

要牢固树立公仆意识，关心群众生活，尤其是要想方设法搞好群众的集体福利，多为群众办实事、办好事。

（1）搞好员工食堂的伙食，使员工吃饱吃好，要提高饭菜的质量，降低伙食成本。

（2）为员工创造良好的居住环境，搞好综合治理、环境卫生、安全放心、生活服务方便，解除员工的后顾之忧。

（3）注重对青年员工的培养，为他们学习成才创造条件，使他们在招待所工作3~5年就能够锻炼成才，具备立足于社会的技能而受益终身，这是对员工最大的关怀。

（三）丰富员工精神生活

随着国家经济的发展、社会的进步，群众对精神生活需求越来越高。要因地制宜，主动为员工丰富精神生活创造条件。特别是年轻人精力旺盛，要把他们工作以外的剩余精力引导到求知成才上来，同时要积极开展丰富多彩、健康有益的文化体育活动，充实员工的业余文化生活，营造团结向上、生动活泼的文化氛围。同时要树立“阵地”意识，坚持用马列主义占领思想文化阵地，引导全体员工自觉抵御腐朽落后思想文化的侵蚀。

当前人类社会正处在世纪之交，世界政治多级化、经济全球化、科技革命化正向我们走来，我国的改革建设也处在攻坚阶段、关键时期，我们要抓住机遇，乘势而起，以加强思想政治为先导，以提高服务质量为中心，以加强人才培养为保证，以深入改革为动力，把招待所的各项建设不断推向前进。

第三章

用科学发展观指导招待所的工作

科学发展观是中国共产党基于对当代中国经济社会发展阶段性特征的准确把握，基于对社会主义中国长期发展实践的科学总结，基于对当今世界有关发展的认识成果的合理借鉴，着眼于实现全面建设小康社会的宏伟目标而提出的重大战略思想。科学发展观是指导中国特色社会主义伟大事业不断前进的强大思想武器。我们必须自觉按照科学发展观的要求谋划接待服务工作。以落实科学发展观的成效检验接待服务工作，推动接待服务工作不断取得新成绩、新进展。

用科学发展观指导政治思想建设，着力提高把握方向的能力

政治思想建设是革命化的核心，是招待所建设的根本，任何时期都必须摆在首要位置。要坚持不懈地利用它的理论和创新成果武装头脑，指导工作。尤其对科学发展观，要学之求深、悟之求透、用之求实。符合的就坚持、偏离的就纠正、违背的就摒弃。真正把科学发展观作为招待所建设的重要指导方针牢固树立起来。

用科学发展观指导决策过程，着力提高科学决策能力

把决策建立在尊重实际、深入调查的基础上，把本单位、本部门的历史状况搞清楚，把影响招待所建设的重点和难点问题搞清楚，把握规律、抓住本质，把决策建立在发扬民主集思广益的基础之上，严格按照民主集中制的原则方针要求，加强集体领导，加大民主参与力度，规范民主决策程序。特别是在事关全局的倾向性问题、专业技术程度较高的复杂问题、改革发展中遇到的新课题上，要建立和适用科学论证、专门咨询、公众听证、重大决策公示公开等决策辅助、监

督和纠错机制，把以人为本的理念体现在决策的实践中，靠公开、公平、公正提高决策的科学性。要把决策建立在敢于负责、务求实效的基础上。要重视决策的实施，说了的就要算，定下来的就要办，有明确分工、有落实措施、有跟踪指导、有责任追究，保证决策有效贯彻落实，产生实实在在的效益。

用科学发展观指导领导工作，着力提高依法行政的能力

科学的发展是有序的发展，离不开依法治所。体现在领导工作中，就是要坚持依法行政。以专门的法规、法律为主体，以行政规章为补充。要认真学法，加大普法教育力度，增强法律法规意识，真正让法律法规进入党的生活、进入日常工作、进入干部交往，要形成依法尽责、依法维权、依法办事的氛围。要严格守法，认真落实法律法规和行政规章。各级领导干部要带头遵规守矩，自觉纠正以言代表、以情代法、以权压法的行为，建立以党委依法决策、机关依法指导、基层依法运转、干群依法自律的良性机制。

四

用科学发展观指导改革实践，着力提高自主创新能力

创新是发展的活水源头，改革创新推动科学发展，科学发展观引领创新实践。要坚持“学中创”，夯实创新基础。“水深才能浪大”，有学识才会有创见，才能具备创新实力。搞创新，就要紧紧围绕科学发展观的本领和要求，准确把握其理论依据，深刻领会其精神实质和丰富内涵，充分认识其时代价值和现实指导作用，努力掌握其所要求的理论知识和实践本领，真正使理论修养、知识水平、思维方式有一个大的提高和转变。坚持“干中创”拓展创新平台，创新的目的全在于解决问题，遇到新情况、新问题，拿出有效的解决办法，是创新；将爱憎分明的思想观点和经验做法总结整合、完善深化，也是创新。把积重难返的棘手问题解决掉，还是创新。盯着制约招待所发展的突出问题、影响招待所建设的瓶颈问题、干群密切关注的热点问题，努力使招待所建设在创新中走出一条体现时代性、把握规律性、富于创造性的科学发展新路子。

用科学发展观指导工作作风，着力提高狠抓落实的能力

科学发展观注重实绩，讲求实效，是求真务实精神和作风在发展中最生动的体现。贯彻科学发展观最终必须体现到工作落实上。要围绕中心抓结合，形成中心牵引、协调推进、重点突破、全盘激活的抓落实机制。要深入实际抓具体，到基层抓落实，在“一线”求发展，讲实话、出实招、干实事、求实效，保证各项工作真正落实到细节、落实到“末梢”。要跟踪问效抓全程。对每一项工作，从提出构想、调查论证、做出决策，到组实施、总结验证、坚持全程关注，跟踪检查，及时发现并认真解决落实过程中存在的突出问题，防止头紧尾松的“半截子工程”，保证招待所的建设始终沿着正确的轨道运行。要持久用力抓反复、坚决克服抓抓停停。必须紧紧抓住，不解决问题不放手，问题解决了也不忘乎所以。通过下真功夫、细功夫、长功夫、苦功夫，把科学发展观扎扎实实地落实到招待所建设的各个领域、各个方面和各项工作中。

第四章

招待所文化塑造

招待所文化（以下称企业文化），是指招待所内部形成的独特文化传统、价值观念和行为规范等。一种企业文化往往表现了该企业最基本的特征，是企业生存的基础、发展的动力、行为的准则和成功的核心。

企业文化是在共同的价值观的基础上，不通过权力，而是通过价值观对全体员工作出理性的约束，由看不见的形式操纵着企业的管理活动。

一个企业的领导，是企业文化的杰出代表，是塑造优秀企业文化的带头人和示范者。

目标或宗旨

目标或宗旨是企业要达到的标准和前景，是员工的努力方向，一旦被广大员工所理解和接受，就会激励员工去为之奋斗和献身。能驱使领导与广大员工团结一致，风雨同舟、尽心竭力地为企业的生存和发展而拼搏。

目标或宗旨：全心全意为机关服务，为社会、为广大的宾客服务，在保障为机关政治服务的前提下，为社会服务，争取政治利益和经济利益双丰收。

其做法：对客户负责，受客户信任；对员工负责，受员工爱戴；对社会负责，受社会推崇。

指导思想

以马克思主义、毛泽东思想、邓小平理论为基础，以“三个代表”重要思想为先导，开创具有中国特色的社会主义服务业，为社会主义建设服务，为广大人民群众服务。

（1）历史使命。振兴中华，在新形势下创一流的优质服务，满足机关政治任务需要和广大宾客的需求。

（2）员工至上。没有优秀的员工，就没有优秀的企业，也就没有优质的一流服务，对员工必须平等、尊重、爱护、共济。

（3）思想言行。以诚为基石，以勤为中心；克己宽人，善处融洽。

（4）办事方法。大事精，小事愚。

企业精神

企业精神是招待所文化的精髓和灵魂，是企业发展历史的写照，内涵非常丰富和深刻，具有强大的凝聚力、感召力和约束力，是员工对企业的信任感、自豪感和荣誉感的集中体现，是企业在经营过程中占统治地位的思想、观念、立场、观点和精神支柱。

企业精神是一种看不到、却能感觉到的“经营资源”，它在无形中提高了企业的素质，成为企业在市场竞争中取胜的重要力量。

企业精神是在长期的经营活动中逐步形成，并为全体员工所认同的理想、价值观和基本信念。现代企业精神，是企业文化的核心和关键，也是企业文化的最高层次，也体现了企业的行业特征和经营管理、科学技术、员工素质方面的特点。企业精神的关键内容如下：

（1）对社会、国家、民族作出贡献的理想追求。如艰苦创业、勇攀高峰；与时俱进、服务社会等。

（2）企业的价值观是企业精神的内核，是指导企业行为的思想和观念，是经营活动的宗旨。如宾客至上、顾客是上帝、争贡献、争上游、争创一流等。

（3）企业群体的信念。把员工个人的利益和企业兴衰发展融为一体；激发员工为企业尽职尽责、尽心尽力的群体意识。如创新、务实、开拓、不断超越、追求卓越。

价值观

所谓价值观，是人们评价事物重要性和优先次序的一套标准。企业文化中讲的价值观是指企业中人们共同的价值观。共同的价值观，是企业文化的核心和基石，它为企业全体员工提供了共同的思想意识、信仰和日常行为准则，是企业取得成功的必要条件。

价值观影响调控人们的兴趣、意志和情绪，引导、规范着人们的行为。企业共同价值观是企业特有的精神，是一种巨大的力量，它从思想意识的深层影响着人们，是人们心目中理想的追求和精神支柱。

当代企业价值观的特征是以人为中心，以关心人、爱护人的人本主义思想为导向，把人才培养、人的发展视为目的。要舍得在员工技术、技能培训上投资，招待所的价值观在于育人、在于服务、在于利润。这种价值共识必然取得显著成效，是招待所兴旺、发达的价值观念。

优秀的企业都十分注重塑造和调整其价值观，使之适应不断变化了的经营环境。如服务宾客；开拓创新、诚信共享；诚信、进取、团结奋进，做一个品德高尚和有价值的人；活要干得漂亮、人要活得精彩。

五 企业道德

企业道德是调整企业与社会、企业与企业、企业与员工、员工与员工之间关系的行为规范。企业道德是企业文化的根本。道德以善与恶、公正与偏私、诚实与虚伪、正义与非正义评价作为标准，靠社会舆论、传统习惯和信念来维持。是道德原则、道德规范和道德活动的总和。

企业道德是企业意识的组成部分，是企业文化建设的主要内容。是企业在经营活动运行、适应社会的需要的过程中产生的。是企业经营管理理论与实践的一种必然产物。是企业经营实践中求生存、求发展的主体性表现。

企业道德作为意识形式，是对有关经济法规和企业规章制度得以落实的最重要保证。对塑造良好的企业形象，营造健康的组织氛围，发展企业经营活动，促进精神文明建设都有重要作用。把道德观念变为广大员工自己的内心信念、良心和荣辱感，经过实践活动形成良好的道德品质，变成自己的行为准则，这是一种潜移默化形成的精神力量。如诚信为本、以德铸魂；服务至上、诚信保障；爱岗敬业、勤奋工作；遵纪守法、勇于创新；不断进取、甘于奉献；心正品自正。

企业制度

企业制度是企业文化的重要内容，是企业文化中一种量化的存在形式，是文化管理中的组成部分。如质量文化、经营文化、市场文化等，这些成果都需要以制度的方式巩固下来。

企业的制度文化就是日常所说的企业规章制度。一个单位必须有统一的指挥和行动，才能保证经营的正常运转。必须判定切实的规章制度，并不断地向员工进行教育、督促检查，使之落实，以规范、约束和指导人们的行为。规章制度的建设，是招待所建设的重要方面，是招待所正常经营、管理有序、有章可循的基本保障。企业规章制度多种多样，都要求齐全配套。依“法”治所，才能协调运转。特别是在改革的时代，凡某项改革措施的推行，必须注意与之相关的规章制度的调整和修订。使其保持连续配套，避免相互碰撞。

任何规章制度，都与一定的社会文化相联系，它强调的是在经营活动中应该建立一种能够使广大员工的自觉性、能动性充分发挥的制度机制，能够使员工实施自我管理。

规章制度要坚决严格实行，绝不能流于形式，在实践工作中很多事件的发生都与没有严格遵守规章制度有关。很多单位的经验是：制度第一、领导第二、激励第三；令行禁止，服从命令。

企业形象

企业形象是反映企业中个性化文化。企业特有的形象是由企业的思想、信念、方略、准则、价值观等构成的。企业形象是企业文化的可视性象征。招待所形象包括的内容很多，主要有外在形象、产品形象、领导者形象、员工形象、经营形象、服务形象和公共关系形象等。

一个招待所存在于一个地区、存在于社会，并且要区别于其他同类服务单位，就必须有自己独特的形象，它是招待所文化的表象内容。

招待所形象是用统一的形象，将招待所的标志、广告、经营、服务特色等，通过自身和各种媒介推向社会。给消费者（宾客）留下深刻的印象，从而创造出一种最好的经营环境。招待所的形象具有很高的无形价值。很多招待所在新形势下注意如下形象的塑造：

（1）创新形象，即招待所起步的整体形象。一个单位在创业伊始，需要有一个强有力的新形象来冲击宾客的视觉，让人们接受一个新面貌，这在很多招待所更新改造中显得特别重要。

（2）发展形象，即招待所全面进入上升阶段的形象，发展是硬道理，一个发展中的招待所需要有一个蓬勃向上、充满生机的稳定形象来提高自身的知名度，扩大自身的形象影响力。这就要有新思路、新品种、新项目、新的科技手段，上档次、上质量。

（3）竞争形象，即招待所达到稳定时段的整体形象。一个稳定成熟的招待所需要富有号召力、感染力、竞争力的鲜明形象来强化自身的竞争力度，稳定的招待所一般都已拥有相应的消费群体，要全力争取竞争对手的消费群体，扩大新的客源。

（4）要规范形象文化，严格制度文化，推进精神文化；创建环境美、道德行为美、生活方式美、学习创新美的氛围；塑造气质好、精神好、体魄好、性格好的优雅庄重的形象。

八 企业环境

招待所的环境是招待所文化的一种象征，它体现了招待所文化的个性特点。每个企业都生存在一定的环境中，在环境中发展，同时又改进和创造美好的环境。

招待所的环境包括外部环境、内部环境和环境保护。外部环境主要是建筑物、客房、餐厅、酒吧、舞厅、道路、生活区的道路设施和容貌。要求环保、绿化、美化、设施齐全、干净有序，符合环保要求，能给客人清雅、安静、舒适、清爽之感。内部环境主要是组织环境、人文环境、经营环境和心理环境等。组织要精干、设置合理、方便宾客，服务于宾客，为宾客创造一个优美、舒适、安静、和谐、安全的环境。

招待所的环境文化有很多具体内容，有许许多多的小环境，要以良好的小环境促进大环境的改善和改造，使整体环境符合市容、市貌、环保、绿化等要求。各招待所要按自己的实际情况提高环境意识，完善环境法律，抓节能、促进环境保护。使招待所的经营与环境保护协同发展。

九 丰富员工文化生活

建设企业文化要开展丰富多彩的文体活动。文体活动能使人交流感情，培养集体主义精神；有益于相互融洽和理解，能陶冶人的情操，提高员工的思想境界。开展丰富多彩的文体活动，是培养社会主义企业文化的有效手段之一。在欢声笑语、轻歌曼舞之中，人们往往受到教育、启迪和鼓舞；在龙腾虎跃、你追我赶的体育场上，人们往往受到毅力、竞争、道德的锻炼。开展格调健康的文体活动可以抵御腐朽的黄色文化的侵袭，用无产阶级的思想、社会主义的文化占领阵地。起到净化企业环境和人的身心，充实人的精神并使之升华的作用。

在这方面绝大部分的招待所非常重视员工的文体生活，下大力气，设专人组织这项活动，大致做法有：

（1）建立员工之家，有领导、有组织地把员工组织起来，充分激发每个员工的特长和潜力。

（2）开展各种类型的文化、技能培训班，提高员工的文化素质和劳动技能。

（3）开展技术创新活动，培养员工的艺术审美水平和艺术创造能力。

（4）开展文化娱乐活动如歌咏、舞蹈、朗诵等，丰富员工的精神生活。设立图书室、游艺室、体育活动室等。

（5）开展体育竞赛活动，增强员工的体质和体能，培养勇于拼搏的精神。

（6）开展思想性的交心活动，强化和确立共同思想，增强对招待所的感情，加深对招待所文化氛围的依恋，使员工能树立起主人翁意识。

第五章

领导艺术与方法

领导艺术是建立在一定知识经验基础上、有创造性地给人以美感的领导技能，它集中体现在领导方式、方法中。

领导艺术一般具有以下特征：

（1）随机性。它是领导者思考和处理事情的变通能力。它没有固定的模式可套，没有统一的尺度可依。它必须依据不同的时间、地点和条件，机动灵活地处理事物。

（2）经验性。它来源于一个人的阅历和经验，不是单纯从书本中就能得到的。带有个人的烙印和个人的感情色彩。

（3）多变性。它是生动活泼、丰富多彩、千变万化、无穷无尽的，对于同一事件的处理，由于经历、学识、思维方式、出发点等方面存在着差异，所以处理的方式和技巧就不相同。

（4）创造性。领导艺术显示领导者生机勃勃的创造力，善于随机应变，因人、因事、因地制宜，因势利导，充分发挥想象力，大胆决策，创造性地提出解决问题的办法。

领导方法是由领导者个人的知识结构、素养水平、价值观念、个人品价等的不同，运用权力进行领导时必然产生的各种各样不同风格的领导方式。领导方式、方法不同，必然对招待所的发展产生不同的影响。领导方法是一个单位、一个企业获得成功的重要条件。

基本领导方式方法

（1）辩证地、全面地看问题和分析问题。分清事物的主要矛盾和次要矛盾，分清主次，抓住主要矛盾。

（2）发扬民主。认真听取广大员工的意见和呼声，不搞“家长制”。尤其是要听不同意见人的意见。

(3) 经常与上级、同事、下级沟通信息，善于与各方交换意见，保持不间断的密切联系。

(4) 接受监督。一是上级本级组织的监督；二是广大员工群众的监督。

(5) 严于律己，宽以待人，善于团结有不同意见的人一道工作。

(6) 按职责办事，按程序办事，不越级指挥。

(7) 靠智慧、经验和魄力进行工作，不乱发号施令，不滥用权力，不训斥人，不随意批评人。

(8) 正确行使奖惩，既要责罚分明，又要重于鼓励教育，给人留有余地。

思想工作的方针、原则和方法

“政治工作是一切经济工作的生命线。”思想政治工作既是现代企业管理的组成部分，又是做好企业全部工作的有力保证。随着改革开放的深入，需要进一步引导员工解放思想，统一认识，把握机遇、施展才干、锲而不舍地克服前进中的困难和问题。经济的发展需要激励员工振奋精神，团结拼搏，艰苦创业，更好地发挥积极性、主动性和创造性，使每位员工坚定信心，理顺情绪，抵制消极倾向的影响，增强主人翁的责任感。班组是思想工作的落脚点，要学会做新形势下员工的思想工作、做员工的知心朋友，使这个群体团结一致，共同努力，做好各项工作。做好思想工作要掌握如下方针、原则和方法：

(一) 坚持疏导的方针

所谓疏导，包括疏与导两个方面：疏——针对实际存在的问题、症结，沟通人们的思想渠道，帮助解开思想“疙瘩”，调动内在的积极因素，增强其克服消极因素的能力。导——坚持正面教育，以表扬为主，以典型引路，做出样子，循循善诱，摆事实讲道理，启迪人们独立思考，达到自我教育的目的。

疏通引导与堵塞压制是相对立的。前者是创造条件发扬民主，广开言路，实事求是讲心里话，让大家畅所欲言，择优而纳。这样同志间、领导者与被领导者间思想是相通的，感情是相融的。后者则不让人讲话，往往言者“有罪”。这是一种专制主义的表现。人的思想意识里对客观事物存在的反映有正确与错误之分，遇到问题总是要思考的。在实际生活中，人们产生种种思想问题是不以人的意志为转移的，不管承认与否都是如此。因此，必须采取疏导的办法。

疏导方针，符合人的思想发展变化规律，凡属思想性质的问题，只能用民主的方法去解决；只能用讨论的方法、批评的方法、说服教育的方法去解决；不能用强制的方法解决。思想工作就是要引导群众、教育群众、相信群众、尊重群众。只有尊重群众，才有可能正确执行疏导方针。

（二）坚持结合经济工作一道去做的原则

招待所是经济组织，中心任务是组织经营活动，思想工作要保证各项任务的完成，要围绕每个时期的经济政治形势和中心任务来进行，贯穿到生产、科研、管理和员工生活中去。要坚持党性，坚持群众路线的原则，确立员工的主人翁地位和当家做主的权利，从思想上、经济上、管理上、技术上充分调动和发挥员工的积极性和创造性，体现工人阶级的历史使命，联系经营思想、作风、服务质量等实际问题，围绕发展生产、发展经济这个中心去进行。

（三）讲究方法，注意效果

不论做什么工作都要讲究方法、注意效果。具体方法有：

(1) 坚持正面教育与群众自我教育，坚持“四个为主”：表扬与批评，以表扬为主；提高思想与解决实际问题，以提高思想为主；正面说服教育与执行纪律，以正面教育为主；自上而下的教育与群众相互教育，以群众相互教育为主。

(2) 树立典型，榜样领路。树先进，学先进，开展比、学、赶、帮活动。典型产生并生活于群众之中，是具体、生动的活教材。典型教育是最有效的教育方法。

(3) 有的放矢，对症下药。坚持“一把钥匙开一把锁”，思想工作要有针对性，具体问题具体处理。

(4) 坚持为群众办实事，热情服务和耐心说服相结合。要把解决思想问题和解决实际问题相结合，只有从解决实际问题着手，辅之以说清道理，才能取得思想工作的主动权。

(5) 身教重于言教。领导者肩负着教育群众的重任，必须严于律己，以身作则，“其身正，不令而行；其身不正，虽令不从”。教育者要先受教育，要带头搞好廉政建设，带头艰苦奋斗、勤俭节约，以自己的好作风带动、培养员工队伍的作风；要深入实际，调查研究，和群众打成一片，做群众的知心朋友。

(6) 掌握对部属批评的技巧。如果您的下属犯了错误，做错了事情，必须适时地对他进行批评，否则他将一错再错以致造成不可挽回的恶果。批评要采用一种最恰当的方式、方法，否则不但不能达到预期的目的，反而会遭到他的不满和忌恨，或者使他的自尊心受到严重的伤害，从而消沉下去，甚至发生您想不到的事情。怎样批评才算恰当，才能达到最佳效果呢？

1）在开始批评之前，先真诚地赞扬对方的优点，然后再用“但是”开始引向要批评的内容和事实。当事实准确时，他会很高兴地接受批评。

2）带着您的宽容之心去批评。这样对方不仅会愉快地接受批评而且还会对您感激。每个人犯错误以后，通常都会在心里暗暗自责，或者为此感到害怕。宽容不是严肃的责备训斥而是关怀爱护式的批评，因而使人易于接受。

3）用您最真挚的情感去“感化”对方，这比大声斥责更管用。“人非草木，孰能无情”，强制性的批评不但不能使犯错误者服气，反而会增加其抵触情绪。如果您动用人世间的真挚情感就可以“感化”他，使其主动认错。

4）用“此时无声胜有声”的行动去“提醒”对方：“你错了。”对方也会用同样的方式“告诉”您：“我知道自己错了。”批评的最佳效果，是您未使用任何强制手段而使对方心服口服地向您认错，这比当面斥责他要强一万倍。

领导工作的步骤

做领导工作必须有序、分步骤地进行，把各方面的情况尽量统筹考虑、安排周全，使被领导者能很容易、清楚地领会领导者的意图，明确领导对某项工作所要求的质量、标准和在执行中应有的权力和责任。一般工作步骤是：

（1）领导决策。这是做好领导工作的前提，也是出主意的过程。要根据上级指示要求，结合本部门、本单位的具体情况，充分考虑各方面的因素，进行分析比较，选出最佳方案和办法。方案可多选几个以便于大家研究讨论选定。要集中多数人的意见确保决策的正确性，尽量避免决策失误。

（2）合理用人。决策完成以后就要选择合适的人去执行，要充分发挥各级领导、各类人员的特长。要选有能力、有专长的人去完成专项任务，确保成功。

（3）布置任务。经过讨论形成的决策，要布置安排给最适合的人去执行。一般情况下最好开会布置，能使大家都知道要干的事；有利于协调、互相支持，以保证领导群体的步调一致。

（4）授权。分配给每个人的任务，要授予其完成任务范围内应有的权力，这样才能调动下属的积极性，有利于圆满完成工作任务，不会因无权而延误任务的完成。授权就要有责任，被授权人使用领导给的权力，要对这个权力效果负全责。只有这样才能真正有职、有权、有责地把各项工作任务完成好。

（5）检查督导。任何工作任务有布置安排，就要有检查督导，才能落实领导决策和上级布置安排的工作。缺了这一个步骤就不能成为真正合格的领导者。要在检查督导过程中及时发现问题。对好的方法经验，要进行推广；不足的、错了的，要立即纠正。要及时地反馈信息，沟通情况，以形成新的领导决策。

（6）总结提高。人类的社会实践总是不断发展、不断提高的，各项工作任务的完成过程也是不断地总结经验、教训的过程。在新的历史时期，要注意发现新情况、新问题，总结出更新、更高的标准要求，不能停留在原有的水平。做领导工作必须有新思路、新办法、新点子，才能适应社会发展的新需求，跟上时代的发展。

四 如何建立领导威信

威信就是影响力，是下属、员工对领导者的遵从感和信赖感。要以德服人，才能树立领导威信。

要树立领导威信，需要在以下几个方面下工夫：

（1）作风要正派，坚持以德服人，而不是以权压人，地位和权力不等于威信。

（2）要了解关心下属，尊重下属的人格，善于倾听他们的意见和要求，做他们的知心朋友。

（3）要以身作则，"其身不正、其令不行"，凡是要求下属办到的事，自己首先要办到，特别是遵纪守法、贯彻规章制度等方面，都要给下属树立榜样。

（4）要有自控能力，要控制自己的情绪和感情，切不可轻易地发火、训人。遇事要冷静，要细心体察，不要仅听一面之词，急于下结论，要进行思考和分析，调查了解，兼听则明。

（5）要处理好人际关系。树立良好领导威信，必须搞好与群众的关系。其主要做法有：

1）记住别人的名字，否则对方会认为对他重视不够。

2）举止大方，这样别人不觉得别扭，自己也坦然。

3）培养轻松活泼的个性，让别人觉得和你在一起是愉快的。

4）切忌自以为是，做出无所不知、无所不能的样子。这往往正是自己的软弱和无能的表现，易使人产生疏远情绪。

5）培养幽默、风趣的言行，幽默而不失分寸，风趣而不显轻浮。

6）敢于承认和纠正自己的不足，这样会很受人欢迎，并不失面子。

7）不乱发牢骚，净化心理环境，不仅自己快乐，他人也会快乐。

8）学会喜欢别人，包括喜欢你不喜欢的人，直到养成习惯为止，团结大多数。

9）恭贺有成就的人，安慰忧伤的人，多与人交心，交朋友，不要强求观点一致。

10）永远朝气蓬勃，喜闻乐见；学会在困难时、悲伤时保持冷静的头脑；做到沉着，不过分慌张、悲伤，切勿无精打采。

五 领导的用人观

世界上第一宝贵的“资源”就是人才。领导者工作成绩的取得，无处不需要他人的聪明和智慧。人才是领导者的珍宝，是当今世界的最重要的资本。应以慧眼识英才，为其提供用武之地：

（1）要有爱才之心。既要招揽人才，又要爱护人才。不要怕任何人超过自己。

（2）要有识才之眼。善于识别人才者，自身必定也是个人才。

（3）要有求才之渴。凡立志宏图大业者，必然要热心追求真才实学者，无论哪级领导，若身边没有几个能人干将，也就必然身孤力单，难成大事。

（4）要有容才之量。人有其长，必有其短，用人不易，容才更难。领导者应具有容人的度量，善于理解和容忍下属的短处，肚能撑船，虚怀若谷。不能小肚鸡肠，斤斤计较。

（5）要有举才之德。当发现了一个人才的时候，应不失时机地举荐出来，并放在适当岗位上使其锻炼成长，给予充分信任，并授之以权。

（6）要有育才之术。人的成长与进步，除自身素质和主观努力外，也需要得到领导及组织的正确培养教育。领导的职责之一，就是用人的同时不忘有意识地进行培养教育。要自觉地在日常工作中循循善诱，启发引导，言传身教，潜移默化，为人才的成长进步提供必要的条件及环境；也要不断地对其施加一定的压力，以防止骄傲自满，故步自封，使他们能在磕磕绊绊中成长进步。

六 领导观念

作为领导者要当好员工的公仆，忠心耿耿地为员工办事，这就是一切为了群众、一切服务于群众、一切依靠群众的观念，在这个根本的领导观念下，牢牢树立如下正确的经营观念：

（1）市场观念。招待所作为社会主义经济的细胞，它必须面向市场，为客户服务。正确的市场观念，就是要在搞好市场调查和预测及掌握信息的基础上，发挥饭店的经营特点和技术优势，推出更多的适销对路、物美价廉的产品项目，为用户提供良好的服务。

(2) 信息观念。信息就是效益，信息就是金钱，要改变认为信息可有可无的小经营观念，要确立信息观念。一项重要的信息，处置和运用得当与否，对一个饭店具有浮沉成败之功。要重视信息的时效，一个有价值的信息，如果失去时效，它的价值就等于零。所以，要从“及时”上着眼，从“快”字上下工夫。

(3) 竞争观念。在商品经济的条件下，竞争是不可避免的，每个饭店都面对竞争环境，在竞争中求生存，在竞争中求发展，所以要敢于竞争，善于竞争，扬长避短，发挥本饭店的优势，创造自己的产品特色和经营特色。没有竞争就没有发展，不参与竞争就没有出路。

(4) 创新观念。招待所要在竞争环境中保持领先地位，就不能墨守成规安于现状，要解放思想，勇于改革和创新，有新思想、新套数，才能使招待所立于不败之地。

(5) 时间观念。时间就是财富，时间就是效率，领导者必须会合理利用时间，提高时间的有效性。

(6) 效益观念。提高经济效益是饭店各项工作的中心，领导者必须抓住这个中心。效益观念，并不是单纯地营利，而是社会的需要和消费者的利益，采用最有效的技术，以最合理的成本，降低消耗，生产出最适用的产品和服务并取得合理满意的利润，所以一切经济活动都要精打细算，从点滴入手，节约一切可以节约的资源。

七 领导风格

所谓领导风格是指由领导作风和个人品格特点所形成的品质和风度，完美的领导风格能够形成影响员工和推动工作的一种无形力量，作为各级的领导者，一般应具备的领导风格是：

(1) 要正派、朴实、公正。对于下级员工不能有任何一点虚伪和装腔作势；处理矛盾时，努力做到不偏不倚；冷静、实事求是地对待来自群众的批评，在任何情况下都不能进行打击报复，做广大员工可信赖的知心人。

(2) 要有胆识，勇于负责。在决策时，考虑周全，就要当机立断、果断决策；在实施中，确有无法实现的，敢于修改和调整。完不成任务时敢于承担责任，对自己讲过的话和发过的指令，要说话算话敢于负责，如有错误，绝不推卸责任，而是从中吸取经验、教训，总结提高。

(3) 有合作共事的精神。主管领导要主动与同事和下属搞好合作，互相取长补短共同努力，任何一个领导都不是完美万能的，要团结一班人，作风上要民主，耐心听取群众的意见和建议；多与同事沟通，热情帮助员工，关心员工的疾苦。

(4) 有开拓进取精神。领导者应永不满足于过去成功的经验和办法，致力于研究新情况，走出新路子，在确保实施短期目标的同时，要抓住发展战略的研究，作出超前决策，保证长期稳定的发展。

(5) 有坚韧不拔的精神。招待所在经营管理中，出现局部暂时的挫折和失败是难免的，作为领导者，既要有敢想敢干、敢担风险的拼搏精神，又要能经得起挫折和失败。

八 领导艺术原则

(一) 不断改进

领导应不断寻找能改进下属工作的新方法。进步是一个渐进的、递增的过程。应创造良好的环境促进下属改进工作。

(二) 协调部门之间的关系

完成某项工作任务必须明确各部门应承担的责任，要努力改善本部门与其他部门之间的协调关系，共同努力完成任务。

(三) 下达定期限的指令

不限定期限的指令不能称为指令。若无完成期限的指令，任务很有可能完成不了。

(四) 演习是培训的理想场合

布置任务、报告和演讲前需先演习，用言传身教表达技巧，对问题或论题难解之处进行探讨。

(五) 对下属进行职务轮换

采取职务轮换的方法培训下属，能在实践中增长才干，能掌握各部门的工作状况，能统揽全局，便于开展工作。

（六）使每个人都有发言权

领导听取每个人的看法就能制订出切实可行的计划，得到使这些计划得以实施的支持。

（七）不要训斥下属

下级犯了错误，上级不应立即批评或采取处罚手段，而是应及时、完整地听取汇报，从而查找排除错误的根本原因，如果对报告人加以指责，会妨碍将错误及时上报。

（八）有的放矢下基层

领导要有的放矢地深入基层，亲自观察员工的实际工作情况，及时研究解决工作中出现的问题，做出具体补救的措施和办法。

（九）不做“懒官”，勤能补拙

对领导干部来说，腿勤、嘴勤、脑子勤，经常深入基层调查研究，向群众请教，向第一线上的实践者学习，是做好工作的起码要求。正确的决策和指挥，只能建立在刻苦学习和勤奋工作之上。不愿深入群众，深入实际，懒得思考问题，怎么能不昏呢？整天泡在办公室里，喝喝茶，聊聊天，腿懒、嘴懒、脑子更懒，对基层情况不甚了解，对改革和建设的矛盾和问题心中无数，这离昏官就不远了。

在我们现实生活中，还有这样一些干部，他们既不贪赃枉法也不搞邪门歪道，而是安分守己、贪图安逸，工作不勤奋，怕苦怕累只想做个“大手官”，因而在他们管辖的地区或部门，政绩平平，工作没有明显起色，干部群众都不满意。

领导干部，既要腿勤、嘴勤，更要脑子勤，做到勤于思考、勤于学习。当前改革正在日益深入，新情况不断涌现，新矛盾层出不穷，这就要求我们在创新上下工夫。创新就得开动思想机器，摸索一些新思路、新办法。勤奋，不断地勤奋，离崇高的真理就不远了，正确的道路是靠辛勤的探索开拓的，只要我们立志改革，勤奋不怠，就能够在工作中创造出一个生机勃勃的新局面。

古人曰：“勤能补拙。”这话很有道理。每个人能力有大有小，一个人的能力不足不可怕，只要勤努力，就能补其欠缺，并在事业上取得成就。智慧不是从天上掉下来的，而是从实践中积累起来的，发愤学习，努力工作，善于总结经验，就可以逐步掌握丰富的知识和本领，在工作中做出出色的成绩。

有的招待所撤掉部分领导干部椅子，口号是：“椅子是给客人坐的”，实行各级领导干部走动管理，到现场去办公，到一线去管理，从而达到扬勤避懒、亲临一线有效领导。

九
领导者成功主持会议要点

(1) 选好会议的主题和要求。
(2) 准备好文件、资料和议程。
(3) 确定会议的参加者，发告示。
(4) 以生动的语言说明主题、目的和要解决的问题。
(5) 掌握会议气氛，使参会者轻松、舒畅、和谐。
(6) 鼓励参会者阐明自己的观点、出点子，提供信息资料。
(7) 尊重不同意见、不同看法，认真听取分歧意见。
(8) 掌握好时间，会议时间不要过长，必要时引导示范性发言。
(9) 综合各种意见，归纳形成统一的决议。
(10) 宣布执行的责任人，授予执行时所必需的权力、责任和措施。
(11) 重述要采取的重要行动，使参加会议的人员都明确。
(12) 写会议纪要，下发、归档。
(13) 下次会议要讲评本次会议所布置的任务、决议的执行和完成情况。

十
班、组长的工作方法

在现代招待所的经营管理中，由于规模的大小、等级的不同，经营管理机构的设置也各有不同，但最基层的（班、组）一级领导，是每个经营管理机构通常都要设置的。在招待所的经营管理体系中，一般是四级管理体制和垂直领导，这就是所长（经理）、部门经理、班组长、服务员四级。在招待所千头万绪的经营活动中，各项行政、接待、服务、生活等方面的工作都要通过班、组长这一级来贯彻落实。

（一）地位

班、组长是招待所各项工作的落脚点，始终处在领导服务的第一线，在招待所的经营管理中占有重要地位。

(1) 班、组长是招待所最基层的领导者和管理者，是实施各项工作和服务的直接指挥员和战斗员。

（2）班、组长是与宾客打交道最直接、面对面最多的一层领导，要亲自直接安排落实对宾客的各项服务工作，解决宾客提出的各种各样的问题，是宾客从入店到离店接触最多的人，也是宾客心目中最可信赖的人。

（3）班、组长是招待所各项行政工作、接待服务工作的落实者。招待所工作千头万绪，最后都要到这一级来贯彻、执行、落实。

（4）班、组长是本岗位、本专业的带头人，是服务员的表率、标兵，在各项服务工作中应起模范带头作用和标准化的示范作用。

（5）班、组长是服务员的贴心人，是服务员工作、生活的偶像，是服务员形影不离的亲密伙伴，是服务员的依靠力量，是服务员的知心朋友。

（6）班、组长是招待所各部门、各专业形象的窗口，时刻以“招待所代表”的身份在迎来送往中展开对宾客的服务，是招待所社会声誉的塑造者，是饭店形象的突出表现者。

（7）班、组长的素质，反映着招待所的整体素质和经营管理水平。主管、领班素质的高低，是饭店档次高低的重要因素。

因此，班、组长要充分认清其地位的重要性，努力树立自身的美好形象，增强工作能力，保障各项工作高质量地顺利完成。

（二）一般职责

招待所中的班、组长因各自岗位、工种的不同，有具体不同的职责，同时，也有带共性的一般职责。笔者将一般职责归纳如下：

（1）接受执行上级的工作指令，认真领会其精神意图，确保按时、按质完成工作任务。

（2）根据上级下达的工作指令，精心组织，合理调配本班组的人力、物力，具体地进行布置安排，把每项工作任务的责任落实到人。

（3）掌握、了解本班组人员的思想情况和业务水平，耐心细致地做好思想工作，充分发挥每个人的积极性和技能、业务专长。

（4）负责本班组的日常行政管理工作，使本班组人员严格遵守纪律，执行各种规章制度，使每个人都能工作好、学习好、休息好。

（5）管理好本班组设备物资，要经常和定期进行检查，发现损坏或故障要及时报告，申请维修或更新，以保证正常运转，不影响宾客使用。

（6）负责对本班组范围内所有设备、用具、用品的管理，保管、维护、使用、登记造册建立台账；保证设备、用具、用品等的完整完好，随时能够使用，防止丢失损坏，造成浪费，爱惜公物，最大限度地节省开支。

（7）带领全班组人员努力完成各项工作任务，检查督促每个人完成工作任务的情况，现场指挥，具体示范。

(8) 组织本班组人员的政治、技术业务学习，当好教员，定期组织竞赛、考核和岗位练兵，不断提高每个人的思想、技术和接待服务水平。

(9) 与宾客保持密切不间断的联系，经常征求宾客意见，及时组织分析情况，向领导报告反映，提出改善经营管理的意见和办法。

(10) 负责本班组管辖范围内的安全管理，防火、防盗、防事故的发生。要处处、事事、时时抓安全，落实谁在岗谁负责、谁操作谁负责的原则，确保安全。

(11) 及时发现处理突发事件，立即向领导报告请示，并详细记录整理分析，找出原因和规律，更好地为宾客服务。

(12) 主持开好班务会，及时总结经验、教训，正确开展批评与自我批评，表扬好人好事，树立正气，开展比、学、赶、帮活动。

(13) 努力完成领导交办的其他各项工作任务。

(三) 能力

能力是胜任领导工作的主观条件，是指能熟练运用党的方针、政策并使之与群众相结合转化为能量；能统率全局，能抓主要矛盾，能做调查研究；善于出点子，拿主意，想办法，筹划选择最佳方案；能正确实施、组织、指挥、疏导、协调和灵活应变。随着社会的进步，高科技的迅猛发展，对主管、领班的要求越来越高，一般至少在本岗位工作两年以上，有一定的工作方法和经验。主要表现为：

(1) 组织协调能力。要能够合理协调人际关系，能科学合理调度，调配安排好本岗位的各项具体工作。

(2) 经营管理能力。要懂得经营策略，能把握捕捉市场信息，能进行成本计算，开源节流，增加收入，减少支出，以最少的消耗，取得较大的经济效益。

(3) 应变能力。要善于领会宾客的心理活动和需求，随机应变地解决宾客的各种各样的问题。用一切办法使宾客理解和满意。

(4) 操作能力。应能熟练掌握本岗位的专业技术和服务技能，熟练掌握本岗位的工作规范和工作程序，是本岗位上的技术能手、标兵。

(5) 语言文字能力。要善于讲话、交谈，能与宾客打交道，说话有感召力，语言流利、口齿清楚。能正确填报业务报表，书写班组工作总结。

(6) 分析判断能力。对各项工作和事务应能进行认真的分析，找出其中的主要矛盾和问题，能把事务与其上下左右联系起来，得出正确的判断。避免执行中的失误，取得较高的成功率。

(7) 开拓创新能力。有新思路、新办法，敢于冒险进行科学实验，不墨守成规，有超前思想和超前意识，能打开新的局面，推进事业向更高层次发展。

(8) 有理解诱导能力。对事对物，有宽宏的度量，善解人意，理解所处的情况，能多方诱导、说服、化解矛盾，避免矛盾激化，使问题能得到顺利、和谐、圆满的解决。

（四）一般工作方法

班、组长担负基层领导工作的，首先要弄清什么是领导，领导是干什么的，怎么干。领导的实质可以表述为：

（1）领导是以职权为基础的，领导权力的大小，随着组织机构中职位的高低而变化。从本质上讲，一切权力是人民赋予的，要代表人民群众的利益，为广大职工谋取利益，要珍惜这个权力，为人民服务。

（2）领导是以影响力为诱因。领导就是通过领导者自己的行为去影响、去改造他人的行为，使其愿意接受指令、决定，并按领导的意图去工作。

（3）领导就是率领、指导下属去执行上级决策。领导要以身作则，积极与下属共事，指导和激励部属成员的行为，使其尽职尽责，乐于为你的决策去奋斗。

班、组长是招待所最基层的领导，少则领导几个人，多则领导几十个人。如何把下属组织好、领导好，把每个人的思想、工作、生活等方面管理好、安排好，是招待所管理最重要的课题。主管、领班与服务人员朝夕相处，工作在一起，生活在一起，既是领导者，又是服务者；既是现场指挥员，又是现场各项工作的示范者和表率。每天千头万绪的行政、服务工作都要落实到班组，班、组长采取和掌握正确的领导方法，会使各项工作顺利开展。除了饭店领导要加强教育培养班、组长的领导能力外，班、组长也要注意在实践中摸索一些工作方法，使他们更好地掌握领导工作的规律。

班、组长的一般工作方法，是指班、组长步入领导工作岗位以后，在率领一班人进行工作、学习、生活和完成上级交办的各项任务时，所必须懂得和掌握的最基本的方法；是指了解掌握一班人的情况，解决思想问题，沟通相互关系，处理谈话、行动等问题的思路、程序等。不掌握、不会使用这些方法，就无法去沟通一班人的关系，就无法组织、指挥、安排所属人员的工作、学习和生活。按招待所对基层领导工作的管理要求，班、组长必须掌握如下一些工作方法：

（1）关心爱护服务员，做服务员的知心朋友，热情帮助、解决他们的实际困难和疾苦。在生活上突出“爱”字。

（2）善于团结各种各样的人一道工作，尤其是对待有不同意见的人要一视同仁，不偏不倚。

（3）认真听取大家的意见和建议、集思广益，以做出自己正确的判断和决策。

（4）办事要果断，有勇有谋，不拖泥带水，不犹豫不决。

（5）遇事不慌，要沉着冷静，并有一定的忍耐性，切勿急中出错，注意采取灵活的方法和对策。

（6）要靠智慧、经验和魄力进行工作，不热衷于发号施令，滥用权力。

（7）要正确使用奖惩手段，既要严格要求、责罚分明，又要给人留有余地。要以表扬为主，惩罚批评的事要准确，使人心服口服。在管理上突出“严”字。

（8）说话要真实，说到要做到，不说空话，不说大话，这样在大家面前才有威望，大家才能佩服你、尊重你。

（9）处处能以身作则，起模范带头作用，做大家的表率。身教重于言教，凡是要求大家做到的事，自己必须首先做到，才能树立你的光辉形象。在作风上突出“实”字。

总之，领导方法的基本秘诀是：倾注关怀、惠人惠己；以情感人、心悦诚服；推心置腹、天下为公；情深意切、尽善尽美。

（五）“三班教育”制度

“三班教育”制度是班、组长基本工作制度之一。班、组长天天、时时、刻刻与员工打交道，指挥领导各项细小的工作项目，上级所安排工作的千头万绪都要由班组和个人来完成，每项工作量的80%以上要由班组来承担。当好一个部门经理并不难，而当好一个班、组长就要费很大力气。班、组长在部门中是中流砥柱，没有他们，部门的工作就无法进行。规范班、组长的工作，是提高工作效率和质量、圆满完成各项工作任务的关键。

“三班教育”制度的内容，包括班前布置工作任务，班中检查指导，班后讲评总结提高。以客房主管、领班为例，具体是：

1. 班前布置

（1）每日上班前5分钟召集本班组所有人员列队，按身高顺序排好，整齐美观。

（2）列队的场地应选择在不影响宾客休息的地方进行。

（3）点名、记录考勤，点名体现班组的精神面貌和组织性。

（4）检查仪表仪容，并详细记录，不合格的要重新整装方能上岗，衣冠不整者不能上岗。

（5）传达上级的指示和通知。

（6）具体布置当日工作任务，具体安排到人。

（7）确定对VIP（重要）宾客服务的责任人。

（8）分配房间钥匙并登记。

（9）分配所需物品用品并登记。

（10）确定各项服务的质量标准要求。

（11）安排领取各项物品、用品的负责人。

（12）讲评昨日宾客反馈的信息，采取具体的措施和对策。

（13）安排当日学习的内容和时间（政治、思想、业务和技能练兵）。

（14）组织人力进行突出性任务，保证接待任务完成。

（15）安排好公差勤务和协作方面的工作。

2. 班中检查督导

（1）班前安排的各项工作都要记录以便检查落实。

（2）班中检查一般应在布置完工作后两小时左右进行。

（3）检查可采取抽查、普查等方法进行，发现不合格者应立即纠正，对未按工作程序操作影响质量的，可记录下来。

（4）对由于技术不熟练造成质量不合格者应带领示范补作，边纠正，边示范，边提高。

（5）检查要掌握各项工作的进度，对难度大或有临时原因不能如期完成的项目，应调剂人力协助其完成，以不影响对宾客的服务为度。

（6）检查要细致，要善于发现存在的问题，正确指出解决的方法。

（7）检查各种设备设施的运转情况，发现问题及时填报报修单，紧急拨打电话抢修。

（8）检查安全设施保持运转正常，防止发生事故。

（9）检查考核每位员工工作熟练的程度、效率及综合表现情况，以便对每位员工进行综合评价。

3. 班后讲评

班后讲评，一般应在即将下班时进行，或利用政治、业务学习时间进行。

（1）综合讲评本日完成任务的基本情况。

（2）表扬好人好事。

（3）指出存在的问题和不足之处。

（4）总结出主要经验、体会和方法。

（5）总结要吸取的教训和今后要注意的问题。

（6）对宾客的投诉、反映的意见及要求，要整理上报部门经理。

（7）安排好下一班的班次和责任人。

（8）安排好应由下一班完成的各项服务和任务。

（9）下班前对所辖场地进行安全检查确保安全。

（六）班组规章制度

每个班组或单位要进行正常的工作、学习和生活都必须有成文的规章制度，使各项活动有规矩成方圆，使全体工作人员有一个相对稳定的权威性约束，以保证各项任务的顺利完成。作为班组领导要按上级规定的规章制度，结合本班组的特点，加以完善，认真地组织全班人员严格执行。班组一般应有如下规章制度：

（1）出入通道制度。按规定路线出入，不得在宾客活动区域随意来往，不乘坐客梯。

（2）更衣柜制度。每人配一个更衣柜，个人物品一律存更衣柜，不得带入工作区。

（3）制服制度。上班必须着统一定做的服装，佩戴号牌，岗位服装不准穿出店外。

（4）考勤制度。按统一规定的项目和办法进行。

（5）用餐制度。一律在食堂按规定的时间用餐，不得在工作场地用餐。

（6）会客制度。当班时间不会客，必须会客须经批准，一律在传达室会客，不准将亲友带至工作场地或宿舍。

（7）住宿制度。住宿应听从统一安排，住集体宿舍，由班组加强管理，不得在店内随意住宿。

（8）列队点名讲评制度。班组每月上班后列队点名检查并布置任务。下班前列队讲评。

（9）值班制度。根据工作需要按班次值班，要坚守岗位，不得擅离职守。

（10）交接班制度。本班应将本班次值班时发生的问题和处理的事项详细记录，应由下班办的事项要详细填在交接班簿上，防止漏项误事；财物应清点清楚，无误后，双方签字。

（11）请假制度。因私事需要请假，应按规定权限逐级请假。经批准后，方可离去，回来要销假。

（12）清洁卫生制度。按清洁卫生的标准进行清理打扫，定期定时进行消毒，保持清洁卫生。

（13）安全保密制度。人人是安全保密员，防火防盗、防自然事故，定期演练消防知识和扑救措施。

（14）物资管理制度。所有经营设备物资都要建立台账，保持物资设备的完好。消耗性物品的领取、消耗要有详细记录考核。

（15）报修制度。设备物资有损坏，应按规定填写报修单及时送达维修部门，安排维修。

（16）服务质量检查制度。班组应每日进行检查，并详细登记上报，发现问题及时处理。

（17）请示报告制度。班组遇到问题和事项处理无把握时，必须向上级请示报告，不得自作主张，工作任务完成的情况要向上级报告。

（18）会议制度。要定期或不定期召开会议，传达上级指示，布置要做的工作。

（19）培训学习制度。日常要依任务情况安排培训学习，以提高技能素质。

（20）考核制度。定期对员工进行考核鉴定，全面考核一般每年进行一次。专项考核可按需要不定期进行，考核鉴定的情况要告诉每位被考核者，以利发扬成绩、纠正不足。

（21）技术操作制度。按本班组管理使用的设备、器械制定相应的管理操作制度，防止损坏。

第六章

管理制度、规范

招待所的经营管理内容很多，而且不是一成不变的，随着外部环境和内部条件的变化而变化。一般应包括：

（1）贡献的目标。首先要符合社会主义基本经济规律要求，为满足本级主管部门的需要做贡献。

（2）市场目标。提高市场信誉，开拓新的市场，增加营业额，提高市场占有率。

（3）发展目标。扩大招待所规模，提高接待服务能力，提高机械化、自动化、信息化水平，增加品种、品牌和营业额。实现满意的利润指标。

管理是招待所一个完整的系统过程，其实质是以目标为核心、以所处环境为依据、以资源运用和价值创造为手段、以发展为目的的一个完整的管理系统。为保证其正常运转就需要有一套标准、规范、制度、纪律、法规等具体的实施法则。

制度是要求大家共同遵守的办事规程或行动准则，招待所的各项工作都要有统一的办事原则和行为规范；都要制定守则，以利于步调一致，统一标准，统一办法，统一行动，否则就会无章可循而成为一盘散沙，什么事情也办不成。有了健全的制度，就要有人进行管理，把这些制度施行于各项工作之中。制度贯彻执行得好坏，关键在于各级领导的管理艺术和水平，要善于管理、大胆管理、科学管理，这样才能发挥制度的巨大威力和作用。

经营管理要点

招待所经历了八十多个春秋，成功管理经验很多。绝大多数单位总结的成功做法是抓中心、重质量、重保障。

（1）抓中心。坚定不移，始终以为政治服务为中心，紧紧围绕着两个效益，即社会效益和经济效益，搞活经营管理。

（2）重质量。服务质量是招待所的生命线。没有质量，也就没有数量。重质量，必须着力苦练内功，没有精湛的内功，质量是上不去的。

（3）重保障。着力抓好班子的建设，为改革发展提供组织保障。要切实抓好党委、支部的建设，要建成坚持正确的政治方向、民主集中制，坚强团结，开拓进取，廉洁奉公、紧密联系群众的班子。在统一领导下，有组织、有计划、有重点、有步骤地进行各项工作。

（一）经营管理的主题

在当前，很多招待所都应确定改革的目标，选好攻坚突破口，制定出改革方案，下决心抓好落实，抓出成效。努力把招待所建成既有中国特色，又适应市场规律的现代化接待服务部门，营造安全、文明、舒适、方便的宾客之家。很多单位当前抓的经营管理的主题有：

（1）以改革为动力。不改革就没有前途，不能守旧。

（2）以市场为导向。市场是经营的晴雨表，不掌握市场动向，就无从正确确定经营的策略。

（3）以效益为中心。必须以政治效益和经济效益为中心，在完成政治任务的同时，把经济效益搞上去。

（4）以特色为先导。每个招待所必须有自己的特色、自身的优势，没有特色肯定是发展不起来的。

（5）以质量为生命。没有质量，也就没有数量，没有数量，经营就等于零。任何事物必须有严格的质量标准。

（6）以管理为手段。没有严格的管理，就是一盘散沙，正确使用管理手段，才能使各项工作顺利进行。

（二）以人为本抓好员工队伍建设

（1）要不间断地进行思想教育，树立主人翁思想，有当家做主的责任感，心向一处想，劲向一处使。

（2）各级领导必须是经过专业训练的，掌握一定的专业知识和工作能力，取得上岗证，方能上岗。

（3）管理人员要定期考核，公平竞争，择优聘用，不称职的、不能完成本职工作任务的要随时就地下岗锻炼。

（4）员工一般应从职业高中招聘，有一定专业知识基础，新员工一定要集中时间培训进行实习，未经培训不能上岗。

（三）以法治为准绳，抓好制度建设

（1）以法治所，以德治所，养成自觉执行法律制度的习惯，违章必究，必须严格处理，绝不迁就姑息。

（2）制定完善各部门、各岗位的工作制度、规范，使每项工作、每个员工都有章可循、有法可依。步入良性轨道有序运作、有布置、有检查、有报告、有考核、全面落实。

（3）建立台账登记考核制度，实行表格化管理，所有员工都必须依法办事，严格遵守规章制度，按规范程序进行操作，每项工作都要有记录、有考核。

（四）以宾客为上，抓优质服务

（1）宾客是“上帝”，一切活动都要以宾客为重，宾客需要的事，是头等大事，必须首先去办，而且要办好。

（2）提供优质服务，必须是全方位的完全投入，在当今要突出人性化、个性化，把各项服务工作做在客人的心坎上，使其真正有到家的感觉。

（3）提供优质服务既要一视同仁、面面俱到，又要突出重点。重点是宾客反映最集中的问题，要全力组织迅速地解决。

（五）把握时代脉搏跟上发展的形势

（1）时代在前进，很多新的科学技术在发展，要想在市场竞争中占有一席之地，能够站住脚，就要不断进取、攀登高峰。要有新思想、新办法、新产品。

（2）创品牌、创名牌，是时代发展的必然之路，没有品牌，没有名牌，就没有发展，平平淡淡迟早会失去市场，失去众多的回头客。

（3）科学技术是第一生产力，要充分发动群众，钻研科学技术，应用科学技术，要精益求精，更新换代与时俱进，创造出自己更新、更高、更好的拳头产品，创自己的品牌和名牌。

（六）经营的成功，源自宾客的满意

为宾客提供尽善尽美的服务，已成为市场经济条件下每一个成功招待所老板的不变信条。作为招待所企业的一名员工应该以“服务意识”为基础、“优质服务”为己任。要学会服务，用优质的服务产生更大的价值。

为宾客提供优质、便捷、温馨的服务，这种服务是个性化的，是由服务人员所展示的无数个小节行为组成的。友好、礼貌、真诚、高效、专业和素质都会通过言语、举止表现出来。以微笑、礼貌体现热情，以周到、细心争取主动，要有一颗美好的心灵，满怀真情全方位地投入，才能赢得众多宾客的赞誉。

招待所服务的最终目标，是创造宾客的满意。宾客并不总是对的，但永远总是第一位的，招待所经营的成功就是宾客的满意。宾客的满意来自“三全服务”，即全心服务、全程服务、全员服务。

随着市场经济的发展，服务竞争已成为招待所间竞争的重要手段。我们已经生活在服务经济时代，每个人在享受他人服务的同时也在为他们提供服务，招待所作为一个服务的行业，如何使客人满意是一个非常重要的课题。

现在以客人为中心的观念已深入人心，服务不再是专指为客人干活，而且包括物质的服务和感情的服务，不仅包括对现实客人的服务，而且也包括对潜在客人的服务，不仅要提高客人现实的满意程度，还要提高预期客人的满意程度。服务作为新因素为招待所营销提供了一个新的杠杆，为饭店保持老客人的关系，增加竞争优势，开辟了一条新的道路。

要特别注意，客人的消费行为正日趋繁多成熟，客人需求的变化要求服务及时地跟进，不同生活方式的客人寻求不同的产品与服务，要采取什么样的服务形式来满足不同客人的需要是现代招待所管理经营者的共同向往。就目前对服务要有新的认识，消除陈旧的服务观念，抓好全心、全程、全员服务。

1. 全心服务

服务是无止境的，优质的服务能够使招待所与客人之间形成一种难忘的互动，使客人真正有宾至如归的感受。服务要与客人的期望赛跑，把服务做在客人需求之前，即超过客人期望的服务。服务无小事，谁都是紧要的客人，客人是招待所最大的资源和财富，是招待所财富的创造者，客人的口碑会形成推波助澜的效果。客人的需求不同，要提供有针对性的个性化服务，要以高效满意的服务形象出现在众多宾客的面前。

服务已不只是一种义务和责任，服务是一种价值，创造价值的过程就是服务的过程，通过完善的服务而创造价值。现在已发展到客人中心论的阶段，进步到以“客人满意度”为核心的价值时代，以客为尊的发展越来越重要，要想最大化地占有市场，就必须能让客人在最快速度享受到最优质的服务。树立“服务客人就是服务自己，让客人满意就是为饭店增效”的观念。以提高服务价值、提高招待所的综合竞争能力。

2. 全员服务

提高服务质量，必须树立全员服务意识，使招待所内部各部门对提供客人服务的整个程序有清楚的认识。首先，树立市场意识，要所有的员工了解市场形势，增强危机意识、竞争意识；其次，树立主动服务意识，饭店及个人的生存空间是靠为客人提供满意的服务而赢得的，要实现由“要我服务”向“我要服务”的转变，从事后补救性的服务向全程化的服务转变；最后，树立内部客户观念，进一步深化员工对“内部客户”概念的认识，前线和后方、一线和二线、上道工序与下道工序互为客人形成良性的互动，在各个岗位间，将服务为“齿轮”互相连接，形成一条全员服务链，它的正常运转，将使招待所的服务更趋完善。

3. 全程服务

全程服务就是从客人进入招待所起到客人离店时止，在每一个部门、每一个层面、每一个环节都要对客人进行细致而深入的服务，都要对客人细心呵护，使客人与招待所的产品与品牌紧密相连。客人在招待所的整个活动中，无论关系到哪个部门、哪个岗位的事情，都要作为自己分内的事情来办，绝不能推托、应付，客人的事再小，每个部门、每个人都要当成大事来办，当成急事来办。

没有优质的全程服务，就没有真正的销售，招待所的各种组织应是服务型组织，招待所的行为应是服务型的行为，招待所的文化应是服务型文化。招待所的服务既包括对客人的服务，也包括内部之间的服务，客人的服务工作是一项艰巨、细腻而光荣的工作。全心服务、全员服务、全程服务，使住所的客人满意，使招待所在市场竞争中立于不败之地。

职业道德规范

职业道德是从事一定正当职业的人们在特定的工作和劳动岗位上进行职业活动时，从思想到行为应当遵守的道德规范。职业道德是一种社会意识，是社会的、阶级的道德在职业生活中的具体体现，它带有具体职业或行业活动的特点。它是一般道德原则和道德规范的重要补充，可以促进社会生活的稳步发展。

职业道德是共产主义道德的组成部分，它的核心是正确处理人与人之间的关系（包括招待所服务人员与宾客之间的关系），树立社会主义的经营思想与经营作风。这就是要树立一切为宾客着想、不损害消费者的利益、乐于助人、信誉第一、诚信无欺的思想；要尊老爱幼，对不同国籍、肤色、民族的宾客要一视同仁，并给予同等的信任、尊重和服务。在工作中应尽忠职守、廉洁奉公，不损公肥私，不利用工作之便损害国家、集体利益。招待所服务人员应互相尊重、顾全大局、讲团结，共同搞好工作，并能自觉维护招待所荣誉乃至人格、国格尊严。

饭店职业道德，是调节员工与招待所之间、员工之间、饭店与宾客之间、饭店与招待所之间关系的行为规范的总称；它作为一种意识形态是对有关经济法规和招待所规章制度得以落实的最重要保证。职业道德是以善与恶、正义与非正义、诚实与虚伪、公正与偏私等为标准，依靠信念、习惯和舆论来维持前者的约束力。职业道德集中表现在以下二个方面：

（一）要热爱本职，忠于职守

热爱本职是一种职业情感。社会分工是社会发展进步的必然产物，也是推动社会发展进步的重要手段；什么事情都得有人去干，要干一行爱一行，不同的职业只是在共同利益、共同目标条件下的不同分工而已，都是社会主义建设事业不可缺少的组成部分，没有高低贵贱之分。忠于职守是把自己对本职工作的感情转化为一种自觉的职业义务感的结果，而不是屈从于外部的压力或其他原因。热爱本职，忠于职守，是劳动者本人真正成为社会主人时才可能出现的劳动态度。

（二）要正直廉洁，克己奉公

社会主义社会职业道德要求各行各业的从业人员在职业活动中一心为公，全心全意为人民服务。坚持原则，勇于同各种损害人民利益和国家利益的行为作坚决的斗争；严于律己，绝不利用职业方便拉关系，走后门，行贿受贿，以职牟私。要以自己的诚实劳动为衣食之源，为社会做贡献，以正直高尚的职业道德促进“两个文明”建设。这对于根治腐败，促进社会风气好转具有特殊的重要意义。

（三）顾全大局，互相合作

社会主义生产是社会化大生产，各行各业既有分工，又有合作，各行业及从事各种职业的个人之间的联系十分频繁、密切。合作精神是现代社会的要求，也是现代人的重要标志。社会主义现代化建设是一个巨大的系统工程，需要各行各业从业人员的共同努力。任何一个行业和从业人员的职业活动都可能对全局产生积极或消极的影响。因此顾全大局，就要时时处处从社会主义建设的整体利益的高度看问题，分析问题，处理问题，以全局利益为重。这是社会主义职业道德对每个行业和全体从业人员的道德要求，是治国固国的需要，更是服务行业发展的需要，我们要从具有最广泛社会基础的社会公德、职业道德、家庭美德方面入手，使我们的行业讲求诚实与信誉、公平和效率。

各种职业部门，按本职业的具体要求，以及从事本职业者的接受能力，将职业道德用一些简明、通俗的形式表现出来。如制定员工守则、劳动规程、服务公约、行动须知、规章制度等，要形式多样、生动活泼、易懂、易记、易于实行，有利于人们养成良好的道德习惯，使人人清楚、人人恪守。

职业道德是招待所工作者在招待所职业活动中必须遵守的行为准则。各种职业道德中都包括某些社会公德的内容。如商业、服务行业的买卖公平，诚信无欺，热情周到，说话和气，以礼相待等。招待所职业道德是提高招待所工作者的职业道德水平和培养敬业乐业精神。要教育招待所工作者按照社会主义的职业道德原则要求自己，以招待所职业道德规范作为自己行为的准则，加强自身的道德修养，使自己成为一名具有高尚职业道德的合格工作者。

当前，饭店业的竞争归根结底是人才的竞争，而人才竞争的实质是道德素质的竞争。为吸引更多的宾客，就必须造就一大批优秀的服务人员和管理人员，并要特别强调提高员工的职业道德水平。职业道德水平不高，思想不稳定，再熟练的服务技能，再丰富的管理知识和能力，也不可能带来好的成果和效益，更不会受到宾客的欢迎。要真正树立和发扬社会主义道德风尚，增强服务意识，为把有中国特色的招待所服务事业推向新的高峰而努力。

培育高尚的职业道德必须倡导敬业精神。员工的敬业精神是招待所服务意识强弱的内在力量，每个人在政治上、人格上是平等的，没有贵贱之分，只有社会的分工不同。热爱招待所是干好本职工作的先决条件。

笔者将某招待所的接待服务部门职业道德规范归纳如下，供招待所参考：

1. 招待所职业道德共同规范

热情友好，宾客至上；真诚公道，信誉第一；
文明礼貌，优质服务；不卑不亢，一视同仁；
敬业爱岗，忠于职守；钻研业务，提高技能；
遵纪守法，廉洁奉公；团结协作，顾全大局。

2. 总服务台职业道德

主动迎客，认真验证；细心介绍，助客选订；
办理手续，准确迅速；委托事项，件件落实；
扶老携幼，照顾病残；协调服务，周密不乱；
宾客需求，尽力满足；迎来送往，温暖宾客。

3. 客房服务职业道德

客房整洁，空气新鲜；设备完好，物品齐全；
环境优雅，舒适宁静；床上布件，按时更换；
房间用具，消毒无染；热情服务，耐心诚恳；
超常入微，安全方便；家外之家，情满心田。

4. 餐厅服务职业道德

厅堂洁净，无蝇无污；桌椅整齐，完好无损；
餐酒用具，消毒干净；热情迎客，入座上茶；
细心介绍，助客点单；程序服务，准确迅速；
征求意见，及时改进；质高价廉，结算清楚。

5. 厨师服务职业道德

食品原料，新鲜卫生；加工精细，量足价实；
程序制作，工艺高巧；现吃现做，营养丰富；

食品卫生，严格执行；无毒无害，增进健康；
钻研创新，独树风格；色香味形，精益求精。

6. 会议服务职业道德

会场布设，隆重雅致；音响视听，调频流畅；
空气新鲜，温度适宜；迎客入座，适时送茶；
文具用品，备用齐全；会场内外，保持安静；
会议内容，保密不传；通道出口，畅通安全。

7. 康乐服务职业道德

康乐场地，优雅整洁；器械设施，配套完好；
游艺健身，风趣欢畅；陶冶情操，身心愉悦；
跟随服务，百问不烦；助客操作，维持秩序；
活跃气氛，优雅大方；细心照料，服务始终。

8. 后勤服务职业道德

后勤保障，服务一线；随叫随到，礼貌检修；
先急后缓，客用第一；技术熟练，一专多能；
水电通信，安全畅通；物资设备，备用充足；
员工生活，安排周全；管理有序，运转正常。

9. 各办公室工作职业道德

坚守岗位，履行职责；实事求是，坚持原则；
高效迅速，不怕困难；廉洁奉公，不图私利；
多谋善断，当好参谋；诚待宾客，互不推诿；
一线需求，刻不容缓；合理需要，事事圆满。

三 岗位责任制

（一）岗位责任制的概念

岗位责任制是招待所经营管理和各种服务的全面章法。

岗位，原本是指军营守卫的处所，现引申指职位，是指所担负的工作岗位。岗位责任制，是指明确每一位员工工作岗位及其职责范围的一种制度，是考核评价员工工作业绩的依据。

岗位责任制是实现招待所的经济指标和目标管理的根本保证，是招待所服务质量、服务标准以及各项服务程序的基本依据，也是招待所经营管理和各种服务的全面章法。

一个招待所要提高管理水平和服务质量，提高工作效益，一定要有严格的、具体的岗位责任制，即每项工作、每项服务都要有制度、有标准、有规范、有程序；人人明确自己的位置、工作范围、职责、权限，明确要掌握的服务程序、应达到的服务质量标准和应具有的岗位工作技能。岗位责任制是从所长（总经理）、部门经理、主管到每一个岗位上的服务人员、工作人员都必须遵守的，同时又是检查评定每个人、每个工作岗位完成工作任务情况的依据。

招待所高质量的服务取决于岗位责任制的严格化、标准化、制度化、程序化，而主管、领班是基层执行岗位责任制的落脚点，他们对岗位责任制必须精通并正确地实施。

（二）岗位责任制的内容

岗位责任制的一般内容包括：

（1）每一个不同工作岗位的职责范围和具体工作任务。

（2）完成具体工作任务所应具有的专业技能和方法。

（3）完成每项工作任务的标准要求。

（4）为执行职责所必须有的权力。

（5）对所分担的工作任务完成的优劣所承担的政治、经济等方面的责任。

（6）与相关工作岗位之间的协作关系和应尽的责任。

（7）为完成岗位责任必须有的和必须共同遵守的各种规章制度。

（三）岗位责任制的基本方法

招待所要进行正常经营活动，必须设立有关业务部门、工作岗位，使全部的行政、接待、服务工作有机地由各部门、各岗位分工、协作，才能圆满完成接待任务。岗位、部门的设置是按招待所的规模、等级和提供的服务项目而灵活确定的。要“因事”而设置部门或岗位，绝不能“因人”而设置部门或岗位，应做到“四定”：

（1）定岗位。确定需不需要某个岗位，如需要就坚决设立。

（2）定人员。确立这个岗位需要多少人。人多了人浮于事，人少了干不完事，定员要适应开展服务工作的需要，开始定员时，宁少毋多。

（3）定工作。确定在这个岗位上要干些什么事，完成哪些具体工作任务，规定一定的工作范围，明确哪些事是这个岗位的，哪些事不是这个岗位的，要突出专业性。

（4）定责任。确定在这个岗位上应负哪些责任。要负按质按量完成工作任务的责任；要承担因未能尽职尽责所造成损失的责任。包括行政、经济、法律等方面的责任，而且是每个岗位都必须承担的，否则就无法贯彻执行岗位责任制。

岗位责任制的管理方法，就是要把招待所日常工作的事项，落实到部门、落实到岗位、落实到每一个人。这是招待所管理制度的核心。要做到人人有专责，事事有人管，办事有标准，作业有程序，工作有检查，从而把业务经营活动有效地控制起来，形成一整套高度集中、层次责任分明的管理体系。岗位责任制要做到责、权统一，有责无权也办不成事。赋予一定范围的责任，同时也必须赋予一定范围的权力。这是真正实行岗位责任制的重要条件。

（四）贯彻落实岗位责任制的措施

（1）要制定严格而又具体的岗位责任。为每一个岗位、每一个工作人员明确工作范围、职责、应有的权力，工作程序、工作标准等具体细节和章法。

（2）上岗之前必须经过培训学习。应使每个上岗人员熟知自己的职责、权力和应掌握的技能，不能胜任的，不能马虎上岗。

（3）建立表格化管理，把完成各种工作任务的时间、数量、质量及宾客反映等通过日报表反映出来。

（4）要建立严格的考核制度，特别是对第一线的主管、领班实行“三班教育”制度，即班前有布置、班中有督促检查、班后有总结讲评。

（5）准确实施奖惩，对尽职尽责、完成任务好的要表扬和奖励；对完成任务差的和未完成的要批评教育；对造成不良影响和经济损失的要酌情处罚，绝不能干好干坏一个样。一定要激励先进，鞭策后进。

（6）经常进行爱岗敬业的教育，激发员工执行岗位责任制的自觉性，以主人翁的态度对待工作、对待生活，自觉遵守各种规章制度，努力超额、高效、高质量地完成各项工作任务。

安全制度

（一）安全管理概述

安全是人们的基本需求，是宾客在整个旅途中最迫切要求满足的重大需求。做好宾客人身财产的安全是每个招待所的首要责任。“没有安全就没有旅游事业”，安全管理是所有工作人员的头等大事。总的要求是：安全、安全、再安全，过细、过细、再过细，没有事当有事抓、小事当大事抓。要贯彻“安全第一”的方针，维护国家利益、维护宾客人身财产及招待所财产的安全是每个员工的神圣职责，实行“谁主管谁负责”的原则，实行逐级岗位安全责任制，承担岗位安全责任。要做到谁在岗谁负责，谁操作谁负责。安全工作的重点是防火、防盗、防事故，以防为主，消除隐患。秩序井然、优良是安全的保障。必须有一整套的安全措施，各个岗位有明确的安全管理、安全操作的制度，没有经过安全教育和学习的不能上岗。每一个员工都要自觉维护社会秩序、工作秩序、生活秩序、自觉遵守纪律，遵守各种规章制度，按操作规范办事，防止一切事故的发生，真正做到人人都是安全员、人人都是保卫员，确保宾客人身和财产的安全，使宾客住在这里有安全感。

安全管理的指导思想：贯彻“安全第一”的指导方针，维护国家利益，维护宾客人身、财物及招待所财产的安全，是每个员工的神圣职责。

安全管理的主要任务：

（1）防止火灾。

（2）防止暴力犯罪。

（3）防止危害国家安全的破坏活动。

（4）防止盗窃活动。

（5）防止利用饭店进行其他违法活动。

（6）防止食物中毒和疾病传染。

（7）防止各类事故的发生。

安全管理的基本原则：实行“谁主管谁负责”的原则，实行逐级岗位安全责任制，承担岗位安全责任。做到谁在岗谁负责，谁操作谁负责。

（二）防火

各单位消防部门都有具体的规定，要严格执行，要坚守岗位、精神集中、注意观察，对饮酒过度的宾客房间要特别注意，要养成一种安全职业习惯，用闻（闻气味）、听（听动静）等方法及时发现问题，防患于未然。对消防器材要会使用。发生火情会报警，随时观察报警系统的工作情况，发现异常情况马上报告领导和保卫部门。报警一般应由领导报，来不及时也可直报“119”，要说清单位名称、地点、火情情况。

要求做到：

（1）及时发现火源。

（2）迅速报警、报告领导和保卫消防部门。

（3）及时组织扑救、保护现场。

（4）疏导宾客，要能迅速打开安全门、安全梯口等，有秩序地分流宾客，减少伤亡事故。

（三）防盗

（1）必须坚守岗位，掌握客人进入情况，非住客不准进入。

（2）来访者必须登记，未得到住客允许绝对不准带入。

（3）加强钥匙管理，取出、交回必须登记。

（4）清洁房间卫生要登记进出时间，要严防他人进入房间，防止宾客之间的互串互盗。

（5）要严守住客秘密，不能随意告诉他人住客房号。

（6）提高本身政治素质，防止不法分子内盗。

（四）防自然事故

自然事故，是由于自然因素影响，设备老化等所致。日常工作要认真、细心、负责，对各种设备要“一查、二报、三验收”，避免自然事故的发生。

一查：日常勤检查各种设备用具的完好情况。

二报：向上级报告不安全的因素，报告需修复、更换的设备。

三验收：修理更换的设备要验收，看其能否正常使用。

自然事故还包括宾客致伤、员工致伤、突发性疾病、传染性疾病。

（五）各部门安全制度

笔者将某招待所各主要部门安全制度归纳如下：

1. 总服务台安全制度

接待宾客，认真验证。手续齐备，详细登记。
发现疑点，立即查清。贵重物品，专人保管。
行李包裹，登记交接。结账清楚，唱收唱付。
每日事项，详细记录。店簿信息，存档备用。

2. 客房部安全制度

客房设施，完好牢固。领取钥匙，严格登记。
钥匙丢失，更换锁芯。自备电器，须经批准。
安全疏散，标志明显。会客登记，客允方引。
消防设施，完好灵敏。定时巡查，防患未然。

3. 餐饮部安全制度

食品原料，新鲜卫生。生熟隔离，专人专室。
餐酒用具，洗刷冲消。把好四关，洁净无染。
刀火电器，专人经管。食物盖罩，防尘防蝇。

留样化验，符合标准。无毒无染，确保安全。

4. 会议厅安全制度

会议设施，完好牢固。线路安装，符合规定。
音响视听，专人经管。通道畅通，应急疏散。
各种标志，放置明显。消防设施，有效灵敏。
会散巡查，熄灭火种。人走断电，门窗关严。

5. 各办公室安全制度

办公场地，设施完好。电器设备，专人经管。
各种电路，禁止私动。钱财文件，人离入柜。
关窗锁门，防患未然。巡查所属，消除隐患。
消防设施，专人经管。发现苗头，奋力扑救。

6. 要害部门安全制度

(要害部门指变电室、电脑室、中控室、电梯机房、冷冻机房、空调机房、电话总机、锅炉房、仓库等)

要害部门，昼夜值班。无关人员，禁止入内。
严禁烟火，不堆杂物。易燃剧毒，专室保管。
消防设施，齐备完好。细心观察，隐患即报。
程序操作，禁止紊乱。专人专责，绝对安全。

(六) 安全责任

1. 员工的安全责任

(1) 接受安全知识教育、培训、考核，对出现的安全事故能应急处理。

(2) 各部门各工种的负责人是安全负责人，监督所属安全制度的落实。

(3) 发生火灾，立即报警，并积极参与扑救。

(4) 奋力抓捕现行犯罪分子。

(5) 违反安全制度，酿成事故，承担责任，赔偿经济损失。

2. 值班人员岗位责任

凡固定值班或临时值班的岗位都要明确值班人员、值班时间和值班期间的岗位责任。凡是值班人员都必须做到：

(1) 按规定时间交接班，做好值班记录。

(2) 值班时必须坚守岗位，不睡觉，不饮酒，不玩耍，不干私活。不看书报，不看电视，不听收音机，集中精力。

(3) 发现苗头、隐患或险情要立即报告，并采取应急措施，及时通知保卫部或总值班经理。

（4）未经交接班，绝对不能私自离岗，绝不能失控。

（七）值班制度

1. 饭店总值班

（1）总值班员由部门经理轮流负责担任，负责节假日和平日夜间在招待所总值班室值班。

（2）在值班时间内行使所长的权力，对各项工作负全责。

（3）接班时应交接清上班的情况，细致查看上班记录，有重大事项的应弄清楚继续处理。

（4）接待和处理上级机关临时交办的工作和记录上级机关的有关指示和通知事项。

（5）巡视检查各部门工作情况，检查各部门人员在岗、执行馆规和执行岗位职责情况，检查各部门安全、消防、保卫情况，发现问题及时采取措施予以处理。

（6）在值班时间内随时将行踪通知电话总机，避免有急事找不到值班人员的现象发生。

（7）遇重大问题随时电话报告所长，并请示处理办法，防止延误。

（8）将值班时间内发生的事情和检查巡视的情况详细记入值班簿中，在交班时负责将情况向办公室或所长汇报。

（9）值班时不得离店外出，若有急事必须外出处理时须委托部门经理以上值班员代值并通知电话总机。

2. 部门值班

（1）部门值班员由部门主管、内勤以上人员轮流负责担任，负责节假日和平日夜间在部门值班室值班。

（2）在值班时间内行使部门经理的权力，负责处理解决部门出现的各种问题，负责指挥和协调部门各班组的服务工作和其他工作。

（3）负责检查部门各班组值班人员在岗情况、执行岗位负责制和操作规程情况，检查安全、消防保卫情况，发现问题及时处理，重大问题及时向总值班员报告。

（4）负责完成领导交办的临时工作任务。

（5）定时向总值班员报告本部门情况，一般每晚 11 时、次日早 7 时报告。

（6）值班时坚守工作岗位，离岗位必须向宾馆总值班员请假，批准后方可离开。

（7）认真填写值班记录，做好交接班，并负责将值班情况和未处理完的事项向部门经理汇报。

☞ 3. 岗位值班

凡必须连续 24 小时进行工作（如前厅、总机、锅炉、空调、水电、门卫）和晚间工作的（如咖啡厅、舞厅、商品部等）均应安排岗位值班。

（1）岗位值班员在部门值班员的领导下负责本岗位的工作。

（2）岗位值班员履行本岗位责任制的责任，保证所管辖范围内工作正常展开、运转。

（3）处理值班时所发生的一切事项，处理不了的要及时向部门值班员报告请示处理办法。

（4）坚守岗位，认真操作，不得失控、睡觉。

（5）及时完成领导交办的任务。

（6）认真做好值班记录，把机械设备运转的情况做详细记录。

（7）认真交班，特别要把需继续处理的事项交代清楚，防止发生意外。

（8）连续工作的岗位，接班人未到，不得擅自离开，不办理交接班手续不能下班。

（9）接班人员应按时到位办理接班手续，要交接清上班工作情况和需继续处理的事项。

（八）安全责任实例

现将某单位安全责任实例附后供参照。

☞ 1. 会议楼、多功能厅岗位安全责任

（1）会议楼、多功能厅是人员多而集中的场所，治安消防安全特别重要。服务人员必须树立高度的安全意识，确保会议人员的安全。

（2）值班人员严格岗位责任制，谁在岗谁负责，谁操作谁负责，尽职尽责地、全心全意地为会议服务。

（3）经常进行安全大检查，保持设备设施、用具运转完好。发现隐患，立即处理，绝不允许带隐患操作。会议前后，进行安全检查，并有记录记载。

（4）消防设施配备齐全，性能可靠，操作熟练，使用得法，有应急灭火方案，责任到人。

（5）应急照明灯保持良好状态，紧急情况下的疏散方案明确具体，责任人定点定位；疏散标志明显；疏散门畅通无阻。对老弱病残者，服务员要特殊照顾。

（6）坚决贯彻禁烟法规，会场内严禁吸烟。

（7）会议期间无关人员不得进入会场。对可疑人可疑事要提高警惕，及时处理。会议结束后要彻底清场，发现不安全苗头妥善解决。

（8）严格值班制度，认真交接班记录。

(9) 会议楼、多功能厅服务人员要熟悉保卫工作方案，熟悉综合服务部的具体落实措施，遇到问题忙而不乱。

(10) 音响设备专人管理，他人不得随意操作，防止发生意外。

☞ 2. 客房服务员安全岗位责任

(1) 认真执行国务院《旅馆业治安管理办法》和北京市实施《旅馆业治安管理办法》细则。严格执行各项规章制度，认真履行治安消防工作职责。

(2) 树立宾客至上，安全第一，预防为主的思想，执行谁在岗谁负责的岗位安全责任制，确保管辖区域的安全。

(3) 清整客人房间时，坚持“二人同时进、同时出，清完一间、锁一间，二人共同签字负责”的规定，坚持“先检查安全后清整卫生”的制度。

(4) 按备、敲、开、倒、撤、做、擦、吸、摆、补、关、登工序认真清扫整理，操作中发现不安全因素要及时处理，解决不了的问题报告领导。

(5) 坚持安全检查制度，特别注意和及时处理遗留火种和电器设备的不安全因素和隐患。

(6) 认真坚持交接班制度和查房制度，做好交接记录。

(7) 在公安人员查房时，必须如实反映情况并陪同进行，提供方便。不认识时，请出示证件。

(8) 积极向客人进行法制宣传，进行防火、防盗、防破坏、防灾害事故的宣传；进行各项规章制度的宣传。指导使用电器设备的操作方法和注意事项。使客人了解应急办法及呼叫自救常识。

(9) 熟记三查八对，时刻提高警惕，发现可疑人、可疑事、可疑物沉着处理，及时报告。

(10) 坚守服务岗位，细心观察来往人员，对陌生人要进行询问。掌握“一般不在客人房间会客”的原则，经值班服务员同意在房间会客时，要及时掌握情况，会客时间不得超过23：00。认真执行“先征得客人同意再安排会客”的原则。客人要求服务员开门时，必须坚持查对验证制度。

(11) 不得自行处理宾客遗留财物，对宾客遗弃的违禁物品和可疑物品要有专人看管并迅速报安保部按有关规定处理。

(12) 严格钥匙管理。清扫房间的钥匙由服务员在工作期间随身携带，禁止乱扔乱放；站台服务员按规定严格管理客人房间的钥匙。楼道、房间的应急灯、照明灯、报警器、消防器材安全标志、疏散标志应做到：齐全、整洁、完好、有效。

(13) 认真电传协查，发现情况立即报告。按规定保管电传通缉令。

(14) 要有保密意识，内外有别。

3. 桑拿浴管理规定

（1）桑拿浴是综合服务部组成单位之一，接受统一领导和管理。

（2）主管在部领导的指导下，积极主动地开展工作，服务员要自觉服从领导和管理。

（3）桑拿浴对住宿客人提供洗浴，不提供其他服务。对外不接待客人。

（4）认真执行旅馆业治安管理法规，坚决贯彻公安局、工商局《通告》精神，严格各项规章制度，自觉维护社会治安。

（5）客人凭住宿卡洗浴，并注意爱护设备，如有损坏照价赔偿。

（6）文明礼貌，热情周到。禁止和客人乱拉关系。

（7）清洁卫生，严格工作程序，保证服务质量。

（8）主动宣传政府法规、治安规定、防火、防盗、防灾害事故、各项规章制度，指导器具、电器的使用，交代注意事项、应急办法、呼叫自救，确保安全。对可疑人可疑事要冷静沉着处理，并及时报告领导。

（9）加强消防管理，落实防火措施，熟悉疏散路线，遇有特殊情况，服务员按疏散方案适时疏导客人到安全地方。

（10）保管好客人物品，不得自行处理宾客遗留财物，及时报告综合服务部或安保部。

（11）遵守财物制度，执行财务规定，按要求及时上缴现金。严格物品出入手续，定期清点物品，做到账物相符。

（12）严格值班制度（包括火警报警控制值班）并做好交接班记录。

五 服务质量管理

服务质量是招待所经营的生命线。它直接影响招待所的声誉、客源和招待所的经济效益。招待所是以设备、设施和产品为依托，为宾客提供服务的。服务性企业，生产出售的就是服务。招待所服务质量，是指招待所提供的各项服务适合和满足宾客需要的质量特征，不同的服务有不同的质量特征，分别满足宾客的不同需求。高质量的服务能使宾客高兴而来，满意而去。

招待所服务质量的管理，是招待所各级管理的主要内容，要花大力气来抓，要天天抓、时时抓、事事抓。

（一）服务的基本原则

（1）对客人一视同仁，不分种族、民族、国别、贫富、亲疏，不以貌取人。

（2）对宾客礼貌、热情、友好。

（3）对宾客诚实、交易公平。

（4）尊重民族习俗，不损害民族尊严。

（5）遵守国家法律法规，保护宾客合法权益。

（二）服务质量标准

招待所服务质量包括有形产品和无形服务两个方面。对招待所服务质量的评价完全依据宾客个性感受。招待所服务人员的质量意识体现为其对招待所服务质量标准的理解和把握。一般而言，服务质量标准的具体内容包括：

（1）每位员工能熟悉并掌握本职工作所需的业务知识和业务能力，能胜任自己的工作，为不同宾客提供超常服务。

（2）有责任感，对宾客提出的服务要求，能随时予以满足，当宾客提出的问题无法解决时，能耐心解释，不推诿和应付。

（3）及时掌握招待所的产品信息，以便为宾客介绍和推销，各部门、各岗位之间要及时沟通宾客的需求信息，以便为宾客提供个性化服务。

（4）每个服务人员对宾客的需求应非常敏感，对宾客提出的要求及时做出反应，随时随地为宾客提供针对性服务。

（5）在日常服务工作中，注意观察、揣摩宾客的消费心理，了解宾客的需要，满足宾客的特殊需求，提高其满意程度。

（6）服务人员的态度、言行等应恰到好处，给宾客以信任感，让宾客有愉悦感和满足感。

（7）招待所提供的所有服务，都应让宾客感到安全，包括宾客的人身安全、财物安全和心理安全，使宾客放心、踏实。

（8）招待所在任何时候、任何部门，对任何宾客都提供可靠性、一致性的优质服务，应让宾客能够感觉到而且确实能给宾客带来实实在在的享受。

质量标准只是基本要求，每个员工都应在标准的基础上追求卓越，将简单的工作做得更加出色。

（三）服务质量保证体系

为确保服务质量，应建立适应本招待所运行的整套管理制度和作业标准，有检查督促及处理措施。

一般招待所设置质量管理机构——质检部，或成立质量检查领导小组，负责全招待所的质量监督检查，除日常检查外，每月要有组织地检查 1~2 次，并对质量管理情况进行通报。

部门建立服务质量检查小组，一般每周对本部门组织检查，检查情况应上报领导小组，通报本部门所属班组。

班组设立服务质量检查员，一般由主管或领班担任。质量检查员按服务质量的标准要求每日进行逐项检查，并登记在册，作为评定每个部门、每个服务人员工作业绩的依据。每日发现重要问题，要随时上报部门领导或检查小组。

（四）服务质量管理的基础工作

（1）质量教育。质量管理的核心是强调提高人的工作质量，必须使每一个员工都懂得为什么要进行质量管理，怎样进行工作，从而增强质量管理意识，掌握科学管理知识和技能，提高操作水平，保证服务质量。

（2）制定标准。标准是衡量质量的尺度，是服务活动的尺度，要为各项服务活动制定出相应的服务标准，进行标准化管理。

（3）质量情报工作。用数据说话，要有大量、准确、及时的数据，才能控制质量，要收集国内外的最新服务质量数据，以保证服务质量的提高，跟上发展的需要。

（4）质量责任制。给每位员工明确规定在质量管理工作中的具体任务、责任和权力，做到办事服务有标准，工作有对照、有检查。要承担由于服务质量方面的问题而造成的影响和经济损失的责任。

（五）提高服务质量的基本途径

服务质量不是靠管理者检查出来的，而是靠每位员工在平凡的工作中点点滴滴创造出来的，而且，创造一定的质量水平较为容易，但要保持一定的水平就比较困难。因此，服务人员在工作中必须做到：

（1）一步到位。所有员工应于第一次且每一次把事情做好，任何员工都不能满足于宾客99%的满意率，因为这意味着1%的宾客对招待所不满意。而1%不是简单的数字，而是一个个具体的人，其影响力如何也是未知的。对1%的宾客而言：“我也是花钱消费的，但我没有享受到99%宾客享受到的东西。”这一次的不满意足以让其再也不来光临，还会向其亲友诉说。客观原因永远存在，但这不是可以说服宾客的理由。

第一次就把事情做对，为宾客提供准确无误的服务，追求一步到位的服务质量。这是每位员工首先应具备的意识，且应将这种意识落实到每一件细小的工作中去。

（2）以宾客为中心。每位员工在其日常服务工作中应能够预测宾客需求，倾听宾客意见，并懂得如何满足宾客，对宾客要求能作出及时、合理的反应。

（3）及时修正非常重要。当服务出现差错时，任何员工都应在第一时间弥补过失，及时改正，因为第一次发现问题，其修正的成本可能只要1元，而一周后则可能需要100元，一个月后可能要1000元才能解决。

(4) 服从宾客。服务人员应满足宾客的一切合理而正当的需求，宾客需求的满足是招待所取得良好效益的基础保证。从解决宾客的实际问题出发，满足宾客需求，提高宾客的满意程度，最终培植忠诚的消费者。

(5) 欢迎宾客批评投诉。无论如何出色的招待所，都会有宾客批评投诉和提出各种各样的建议。投诉的宾客是招待所知音，是帮助提高招待所质量的人。通过倾听宾客意见，并根据宾客需求不断改进服务质量，及时修正弥补过失、差错，使宾客得到满意的服务。多数投诉宾客是招待所的回头客，是关心招待所发展的人。

(六) 开创优质服务的基本内容

开创优质服务是招待所各级领导永恒的话题，尤其是班组领导是实现优质服务的落脚点。优质服务的核心就是要树立“宾客至上，服务第一”的思想，最大限度地满足宾客的需求。

开创优质服务，就要大力抓政治思想工作，抓社会主义精神文明建设，加强职业道德的教育，增强服务意识。在抓好人的因素这一关键问题的同时，需要着重抓好如下几个方面的工作：

☞ 1. 热情、真诚、友好

热情、热烈的感情，是一种较高级的情感形态，就是对所有的宾客都抱有欢迎的态度。既然宾客是被邀请受招待的人，服务人员的态度就必须是真诚友好的，来不得虚假，要热情迎接、诚恳相待，不能有任何的怠慢。只要付之以诚恳、热情、亲切、温柔的服务，就能消除宾客的陌生感、疏远感，增强信赖感。这种感情是出于崇高的职业道德并发自内心地去关心、尊重和温暖宾客，使宾客一到招待所，从门卫开始，到总服务台、客房、餐厅、商品部、会议室和各种娱乐健身场所都能感到心里被一种热流暖得热乎乎的。在这样的情况下宾客肯定会愿意在这里居住、生活、工作，还可能是这里的常客、回头客。要创微笑服务的品牌，开展“微笑大使”活动，把微笑留给每一位宾客，做到笑迎天下客，友好传四方。

热情，是一种较高级的感情形态，是对某项事物的肯定，是强有力的稳固而深厚的感情反映形式。它总是指向一个人的希望和目标。热情服务，就是指接待服务人员由于对自己职业有肯定性的认识，对宾客的心理有深切的理解，因而富有同情心，有发自内心的满腔热忱。热情服务的具体表现是：

(1) 笑容可掬，满面春风。

(2) 语言亲切，精神饱满。

(3) 诚恳关怀，温暖尊重。

（4）不卑不亢，落落大方。

（5）相处融洽，亲如一家。

☞ 2. 高效、迅速、简便

高效，就要突出一个“快”字。宾客外出每到一地，最着急、最烦的就是慢悠悠的无时限的等候；办事最讨厌久拖不决、拖泥带水，不能及时地得到应有的休息，进而增加疲劳和不满的情绪。这就要求各部门的接待服务人员精通业务、操作熟练，每一个环节都不要让宾客久等。需要一定时限才能办完的事情，必须向宾客说清楚什么时候能办妥。让宾客先休息或办其他事情，一定要守时，说几点就是几点，这样才有信用，使宾客佩服，使他们感到简便不啰唆。通常，办事的效率应达到“五快”：

（1）机构运转频率快。每一个机构都要在统一指挥下正常运转，中间不能梗塞，绝对不能间断。

（2）办事节奏快。每一个环节所承办的事要迅速敏捷、干净利落，能办的要立即办，条件不成熟的要创造条件办，经努力实在办不到的要向宾客说明原因和情况，以使他们理解，绝不允许踢皮球，让宾客为难，东找西找。要主动地为宾客排忧解难，协调好内部、外部的各种关系。

（3）计划变更应变快。接待工作往往受气候、交通等诸方面的影响，不可能完全按计划进行，往往会发生意想不到的情况。当计划变更时，要有应急的措施，要有应变的准备，做计划至少要有两套实施方案，以便在计划变更时有序地进行工作。

（4）临时问题发现快。长期积累的经验证明，接待服务工作临时遇到的问题较多。这就要求有灵活敏捷的应变能力，在各项接待工作中要善于细心观察，能及时发现问题，不能漠不关心，无动于衷，要及时掌握情况，解决问题要快，这样才不会延误时机，减少不必要的损失，争取主动权。

（5）突发事件处理快。突发事件往往是未预料到的，来得突然，多数情况下往往打乱了原来的一套计划安排，这就要求接待人员有能力迅速处理突发事件。宾客来自四面八方，各种想不到的事件都会发生，要有处理突发事件的应急措施。不能被突发事件弄得晕头转向，头脑要清醒，措施要快、要得力，这样可以避免和减少损失，保障安全，提高声誉。

☞ 3. 规范、优质、公道

规范，是约定俗成或明文规定的标准。规范化，就是合乎一定的标准。标准是衡量事物的准则，可供同类事物比较、核对。

标准化服务，指向客人提供的各种具体服务所应达到的尺度和准绳。

招待所的各项服务及其设施都有一定规范标准，无论哪项服务都有一定的限度，如设施质量、接待规格、语言标准、仪表仪容要求、卫生清洁标准、安全标准、操作标准、工作效率标准、餐饮质量标准等。这些标准的制定以优质为尺度，它体现质价相等，优质优价。宾客在外求的就是要公平合理，要求享有平等待遇，受到尊重和公道。不公道会使宾客感到人格上受到损害。服务人员要按招待所自身的等级、标准，提供相应等级标准的服务，使宾客真正感受到他所享受的待遇是优质的、公道的。

4. 主动、周到、耐心

第一，主动。是指不待外力推动而行动，是一种自觉行为。主动的服务是适应宾客的心理要求而采取的有效措施，它是从各个方面为宾客着想，为宾客提供方便。也就是急宾客所急，想宾客所想，帮宾客所需。要善于揣摩宾客的心理，把服务工作做在宾客开口之前。这就要发挥主观能动性、自觉性，有不怕麻烦的思想。主动来源于细致周到，要有一套针对性的服务措施，尽可能地增加和完善服务项目，多为宾客着想，一切从方便宾客出发，有条件的要办好，无条件的、有困难的要创造条件，克服一切困难办好。日常要收集积累并记住宾客的基本需求和特殊需求，把一般生活习惯、特点、爱好预想得清清楚楚，把工作做得完善妥帖。照顾周全，体贴入微。不丢三落四。这就要处处事事为宾客着想，善于揣摩判断办好每一件事情。主动、细致、周到，要能够长期坚持，必须有完善的制度，有意志上的耐力，使宾客真正在住宿、餐饮、办公经商、健身娱乐、购物交通、休闲、陶冶情趣等诸多方面和在家里一样随意、方便。主动服务的表现有：

（1）主动打招呼、问好。

（2）主动帮宾客提拿行李物品。

（3）主动介绍有关情况。

（4）主动扶老携幼。

（5）主动问寒问暖，解决困难。

（6）主动征询有无要办的事项。

（7）主动征求宾客意见。

（8）主动按时、按量应提供到位的服务项目和事宜，不要等宾客索要或呼唤。

第二，周到。是指各方面都想到，不疏忽，无遗漏。周到的服务就是把各项服务工作做得完善妥帖，照顾周全。周到服务指在服务的内容和项目上，是实际的，是宾客能直接享受到的待遇，要细致入微，面面俱到，不丢三落四。周到的服务表现在：

（1）安排细致，有条不紊。

（2）照顾周全，达到标准。

（3）持之以恒，提供方便。

第三，耐心。耐心来源于意志上的耐力，而耐力又来源于高尚的职业道德，就是要在为宾客服务的过程中，不急躁、不厌烦。主动周到的服务，在短时间内是可以做到的，要想长期坚持，就要有耐心。耐心服务的具体表现是：

（1）来往客多，服务不乱。

（2）百问不烦，百答不厌。

（3）有问必答，办事认真。

（4）遇事不急，机智果断。

5. 雅致、清洁、舒心

雅致，是指环境布置典雅，造型大方美观而不落俗套。它包括庭院、房间、大厅、餐厅、器物、服饰等。

清洁，就是要干干净净，没有尘土，没有油垢，一见就赏心悦目。

一个招待所的陈设雅致、清洁，环境宜人，是宾客的共同需求。没有一个宾客愿到一个脏、乱、差的环境中去休闲居住；不论招待所的规模大小、星级高低，雅致、清洁、卫生的好坏是竞争中成败的重要因素。每一个招待所都应塑造适合本地区特点的美好、雅致、清洁的环境，以适应宾客的心理需求。干干净净，整整齐齐，没有污染，定能得到宾客的青睐。这是占有旅游市场份额、增加客源的必备条件。

雅致、清洁、舒心，包括的范围很广，渗透在招待所每一个角落，每处都要有高标准的布设清洁要求。如庭院、车场、走廊、花园、大厅、客房、餐厅、会议室、娱乐场所、食品、饮料、餐具、酒具、用品、用具等。特别是卫生间更被众多的宾客作为热点来评价招待所卫生清洁管理水平，是必须大力抓好的。服务人员的仪表、形象、表情尤为宾客所关注，宾客不愿意与那种衣冠不整、邋遢的人打交道。形象代表一个招待所的气质、风度和管理水平，要年年有新突破、新进展，给人以创新的感觉。

无蝇、无蚊、无臭虫、无蟑螂、无老鼠更是饭店管理的重中之重，雅致、清洁卫生、宁静宜人的优美环境，定能使宾客住得舒心。

6. 菜肴美味、可口

招待所要能够提供具有当地特色的美味佳肴，这是宾客的共同需求。民以食为天，饮食是人们生存的第一需要，是人类社会生存发展的先决条件。我国有悠久的民族饮食文化，长期以来形成了各具特色的菜系，满足了各方面不同口味的需求。餐饮服务在现代招待所管理中占有重要地位，经营独具一格的佳肴，能吸引众多的宾客下榻。所以，招待所要有技术高超、技艺精湛的厨师，要确实有自己的特色菜、拿手菜和看家菜，并能不断创新，使宾客有新鲜之感。现代餐饮的质量要讲究营养调配，要发展保健药膳，要能突出地方特色风味。保持“中国菜肴”的世界美誉，使宾客有一种独特的享受。要掌握多方面技艺，满足不同宾客的口味要求，达到人人吃得好，吃得清洁卫生，吃得够标准，吃得可口。

招待所要根据自己的所在地的特点、风格和习俗，培养出一批自己的名厨，创出具有特色的名菜、名点和各种珍奇食品；各种菜点要有所发展、有所创新，不墨守成规。要有新套数、新思路，在弘扬我国民族饮食文化的过程中，增一点色彩，占一点份额。要想在市场竞争中站住脚，那就要有自己的高招、有自己的绝活。当今各行各业都在迅猛地发展，要适应新的情况，向新、奇、特方向发展，在餐饮的配制上向营养型、保健型、清淡型创造新路子；在加工工艺上必须精美化，要选料上乘、技艺细、造型美观，才能促进宾客食欲，使其胃口大开。

服务规范

各招待所都有自己的规范要求，各不相同，现将《中央国家机关宾馆招待所服务规范（试行）》列示如下，以供参照。

附录
《中央国家机关宾馆招待所服务规范（试行）》

总则

为了实现中央国家机关宾馆招待所服务工作的规范化，提高服务工作水平，更好地完成中央国家机关接待服务任务，增强市场竞争能力，制定本规范。

本规范坚持为机关服务、为社会服务的宗旨，体现文明、科学、优质、高效的服务原则。

本规范适用于中央国家机关宾馆招待所。

（一）服务人员基本规范

1. 仪容仪表

上岗前要按规定搞好个人卫生；女服务员可淡妆打扮，前发不遮眼，后发不过肩，不留长指甲，不涂指甲油；男服务员发不盖耳，不留大鬓角和胡须；穿整洁的工作服，扣齐纽扣，鞋袜整齐，不可穿拖鞋和响钉鞋，左胸佩戴服务标志，不佩戴装饰品及有色眼镜；客房女服务员不得穿短裙。

2. 语言

语调亲切，音量速度适中，说普通话（接待外宾的馆所要掌握相应程度的外语），言辞简洁清晰，礼貌用语适时恰当。不得使用拒绝和不负责任的语言。对宾客要有问必答，不应漫不经心，爱答不理，不讲粗俗语言，在馆所内不高声喧哗。

3. 态度

微笑自然，精神饱满，热情诚恳，彬彬有礼。与宾客对话时，眼睛要正视宾客，不应斜视或看别处；征求宾客意见时，态度要诚恳；工作出现差错，要当面向宾客道歉并及时改正；宾客若有不礼貌言行时，不可与宾客争辩、顶撞，必要时请领导出面解决。

4. 站立

姿势要端庄，双脚稍分开，男服务员双手自然垂放，女服务员双手轻握于前或双手自然垂放，不能叉腰或抱胸，不可依靠他物或趴在服务台上，不要把手插在衣裤袋里。

5. 坐姿

坐姿要端正，双腿并拢，双手自然摆放。不要仰靠椅背，伸直双腿，不要将一条腿压在另一条腿上，不要摇摆两腿或做哆嗦动作。

6. 行走

走步轻稳，保持肃静；引路时走在宾客左前方两步，转弯时伸手示意；行走途中遇到宾客要让路，与宾客同行时不抢道，行走时不三五成群，不能扒肩搂腰并行；不准在宾客之间穿行。不能边走边说边哼歌曲；不准趿拉着鞋走，不准在楼内跑步走。乘电梯要礼让宾客，高峰时服务人员不可挤乘电梯；送客时走在宾客后面，以手势礼别。

7. 举止

（1）不面对宾客打嗝、剔牙、挖耳鼻、搔头摸腮、伸懒腰、打哈欠，忍不住打喷嚏、咳嗽时，要用手帕掩住口鼻，侧过身体。

（2）面对宾客讲活时，保持1米左右距离，有问必答，话语诚恳，解释耐心。

（3）注意宾客忌讳，尊重宾客风俗，照顾宾客习惯。不要主动与宾客握手。与宾客握手时，用力要轻，时间要短。

（4）给宾客递送物品或找钱时，动作要轻，不应扔或推过去。服务员之间传递钥匙或物品时，应手手相接，不应空中抛掷。

8. 纪律

（1）严格遵守作息时间，不迟到，不早退，不准擅离职守，因故暂离岗位时，应打招呼，并要有人接替照管工作。

（2）迅速清楚地做好交接手续及班前的所有准备工作。上班前检查个人服装、仪容仪表、保持精神饱满，情绪愉快。

(3) 上岗前不准喝酒，不准吃有异味的食品。

(4) 上岗后不准做与工作无关的事，不吃东西、抽烟，不会客、串岗、聊天、打闹、看书、看报，不打私人电话，不得进客房看电视、洗澡、睡觉。

(5) 不顶撞、挖苦宾客，更不允许和宾客争吵。不议论或嘲笑宾客，不模仿宾客动作，不与宾客开玩笑。不以房号作为宾客的代称，不打听宾客的年龄（特别是女宾客的年龄）。

(6) 对与本岗位服务无关的任何事情，不打听、不外传。

(7) 私用杂物不带进餐厅、客房，餐厅、客房物品不得随便拿走。

(8) 对宾客退换不符合质量的食品、商品，服务人员要主动解决，并表示歉意，不得与宾客争吵。遇有误会或纠纷，应婉言解释，以免引起群众围观，造成不良影响。

(9) 不得请宾客捎买物品；不准接受宾客馈赠，不得已时，收下道谢，及时上缴。严格遵守职业道德和外事纪律，下班后不得无故在馆所内逗留闲逛。

（二）前厅服务规范

☞ 1. 门厅接待服务

(1) 门厅迎宾员站立在能环视车辆、宾客进出的适当位置。

(2) 宾客来馆所要微笑相迎，伸手示意，引导宾客至总服务台，对老弱病残者要搀扶慢行，宾客行李较多时，应主动帮助提拿。

(3) 对乘车来馆所的宾客，要主动上前拉开车门，站在一侧，用手挡车门上沿，宾客下车后，要查看车内有无遗忘物品，行李员帮助卸行李，与宾客核对件数，提拿进馆所。

(4) 对团体宾客要点头致意，帮陪同人员卸行李，核对件数，并用统一标签系好，送进客房或集中放在一个地方。

(5) 宾客离馆所时，礼貌道别，并欢迎再次光临。

(6) 对来访者，礼貌接待，问清核实后，登记进馆所。

☞ 2. 总服务台服务

(1) 预约订房。掌握当天及未来一周内可出租房间数，热情接待，明确答复预约者（包括来人、来函或电话预订）提出的要求，妥善安排，并在预约的前一天主动与预约者联系，确认预订；如不能满足要求，应表示歉意，必要时应协助联系其他馆所。

(2) 验证登记。微笑迎候，介绍客房情况，核实证件，办理住宿手续。验证要仔细，登记要认真、准确、迅速。

接待团体宾客，应预先把房间分好，并请陪同人员协助安排，统一登记，对特殊宾客可先进房，后办理手续。

(3) 客房分配。全面掌握客房状况，分配时尽量满足宾客要求，如不能满足时，应耐心解释。

(4) 账目结算。明码标价，合理收费，准确结算，唱收唱付，发票字迹清楚。

(5) 物品寄存。对宾客的贵重物品，按公安部门的规定免费寄存，手续要严密简捷，确保安全。

(6) 宾客查询。要礼貌应答，不清楚的问题，应及时查询，圆满答复，不敷衍了事。

(7) 代办事项。宾客的函电、留言等要及时传递；代办邮寄按时送出。代办车、船、机票，登记清楚、及时不误；叫醒服务准时无误。各种委托做到记录清、手续全、时间快、无错漏，使宾客满意。

(三) 客房服务规范

1. 迎送宾客

(1) 楼层服务员对新来的宾客，主动迎接，核对住宿通知单，宾客行李较多时，应帮助提拿；引领宾客到客房，开门后伸手示意请宾客进房，介绍房内设备使用方法、本馆所公共设施位置及服务项目，回答宾客提出的问题，询问宾客有无特殊习惯和生活要求，便于适时服务；落实寄存物品；离房时礼貌道别退出。

(2) 对住所宾客，微笑问候，迅速开门，送进客房，钥匙必须保管好，不能随便交给宾客或由旁人代开房门，以免在安全方面出现问题。

(3) 树立安全服务意识，对宾客的异常状况要视不同情况予以关心、帮助或警惕、防范。

(4) 宾客通知离馆所后，迅速办理结账手续，征求意见，问清时间及飞机、火车班次，热情道别。主动询问宾客有无委托事项，做好记录，及时办妥。

(5) 宾客退房离所后，要及时清理房间，发现宾客遗留物品要迅速归还或交有关部门保管，妥善处理。

2. 清洁卫生

(1) 客房卫生标准。客房卫生应做到无虫害，“六洁净”、“两保持”、“两坚持”。“六洁净”即墙壁洁净、屋顶洁净、地面洁净、门窗洁净、家具、用具洁净。“两保持”即客房内经常保持空气流通、清新、无异味；客房内的设备用具及用品应保持洁净、平整、无味，并按统一规格摆放整齐。“两坚持”即被套床单等床上用品，坚持一客一换，长住宾客要定期更换，特殊情况及时更换，客房茶具坚持每日消毒，病人用过的茶具、卧具要单独消毒。

(2) 公共卫生标准。大厅、走道的墙壁、地面及扶梯干净，无杂物，无污迹，地毯清洁，门窗、玻璃、镜子明亮，环境雅静。公共卫生间随时清扫，不留污迹、积水和异味。工作物品摆放整齐，台面无杂物。

(3) 客房：卫生操作。

标准客房操作程序：备、敲、开、倒、撤、做、擦、吸、摆、补、关。

备：备好卫生车。准备好一切需用的物品、用具及工具等。

敲：敲门或按门铃。最多敲（按）三次，每次两下，间隔 3~4 秒。

开：开门、外窗（或空调）。听到应声或敲（按）两次无应声后，先打开房门 30 公分，礼貌征求意见，申明来意，得到应允或确认无人方可进入。打开房门、开窗（或空调）。

倒：倾倒污物。倒烟缸烟灰，茶具内的剩水、纸篓及桌面抽屉内的杂物。

撤：撤出宾客用过的需要补充或更换的用具、用品。

做：做床。洗手消毒，更换棉织品，并按规范要求做床。

擦：擦拭。用两块抹布（一湿一干），按从左到右、从上到下、从里到外的顺序，擦净房内所有设备、设施。遇到电器设备，要坚持两检一断。

吸：吸尘。要经常检查地毯有无虫害，然后拔去吸盘先吸边角，再按先里后外，顺毛向、倒退吸的顺序吸净地面。

摆：摆放。按规定摆好客房内的家具、用具，使之布局合理，美观大方。

补：补齐茶具、水具、用品。要先洗手，后取物，并按规定放置于合理、适应位置。

关：经环视无误，关好窗、窗帘、空调、灯、门。

卫生间操作程序：取、除、擦、消、放、补、关。

取：将宾客用过的浴巾、毛巾、垫脚巾和所有的小补品全部取出。

除：将面盆、浴盆、马桶、地漏等下水口的脏物清除干净。

擦：要从面盆部位沿墙壁、浴盆、马桶、地面依次擦拭。要求净、干、亮。干、湿抹布分开，面盆、浴盆、墙面抹布要与马桶、地面抹布严格区分使用，防止交叉污染（注意：不得使用与本馆所浴巾、毛巾、垫脚巾相同的抹布）。

消：凡与宾客身体直接接触的卫生设备、用具，均应按规定消毒彻底。消毒后的马桶、口杯要附上已消毒标志的封签、封套。

放：先洗手消毒，然后将洁净的面巾、浴巾、垫脚巾等放到位。

补：将香皂、牙具、卫生纸等用品补齐。

关：环视无误后，关灯、关排风扇、关门。

普通客房操作程序：备、敲、开、倒、撤、掸、叠、扫、擦、墩、摆、刷、消。

其中备、敲、开、倒、撤、擦、摆七个程序同标准客房操作程序。

掸：掸尘土，按从上到下，从左到右顺序，掸室内一周，轻轻掸去门窗、家具、墙壁、器具上的尘土。

叠：叠摆床上用品，做到整齐、大方、美观。平整床单，床单垂下部分以40公分为宜，将被子、枕头、毛毯、床罩等分别按统一规格叠放平整于一定位置。

扫：扫要轻。清扫桌面、地面、暖气片等处尘土垃圾。

墩：墩要重。涮净墩布，用力墩净地面。顺序由里到外，倒退墩拖，不得遗漏。墩后地面不应留有水渍、泥渍、脚印等污迹。地板地面：一般应顺着地板木纹方向用湿墩布墩后再用干墩布墩。水磨石、花砖地：需用拧得较干的湿墩布墩拖，然后再用干墩布或油墩布墩拖。

刷：刷要净。茶具、脸盆、脚盆、痰盂及塑料拖鞋等用品，都要刷洗干净，做到无锈、无垢。

消：室内茶具、用具坚持每日彻底消毒，病人茶具单独消毒。

（4）客房整理。宾客外出时，整理客房，将使用过的物品放回固定位置；清扫垃圾、灰尘、补充或调换开水、保持客房清洁整齐。宾客晚餐或外出时，迅速做好晚间整理，拉上窗帘，做好晚床，放好拖鞋，打开夜灯，带走垃圾。

3. 日常服务

（1）在每日清扫客房前，检查电器、设备是否正常完好，发现问题或接到宾客通知，要及时向有关部门报告。

（2）适时为宾客送开水和报纸。进入客房前必须先敲门，经宾客允许或确认宾客不在房内后，方可进房，敲门、关门的动作要轻，客房内宾客的物品不能随意翻阅、移动，更不能损坏，清扫和整理客房时，要敞开客房门。

（3）收到宾客函电，先核对房号、姓名。及时送交本人，并有签收手续。

（4）代客洗衣，收交仔细，手续清楚，交活准时守信。

（5）宾客询问，热情回答，多问不厌；自己不清楚的问题，要迅速问清后答复，无法回答的问题，说明情况，表示歉意，不含糊拖拉。

（四）餐厅服务规范

1. 零散客人用餐服务

（1）餐前准备。

搞好餐厅卫生，公共卫生间保持清洁。

检查家具设备功能是否正常，并按规定摆放整齐。

备齐洁净的餐具、酒具、用具，备好小作料。

掌握当天菜点品种、口味特点、规格质量。

（2）餐中服务。

站立迎宾，引客入座。

主动为宾客送上香巾、茶水、菜单。

把握间隔时间，按序上酒、上菜、上饭，托盘操作，报清菜名。菜上齐后向宾客示意。

进餐期间，要勤巡视，主动提供客人需要的服务。

清真餐、病号餐要分座服务。

就餐完毕，结清账目，按规定出具单据，礼貌道别。

(3) 餐后清理。

餐桌清理工作及时进行。发现顾客遗留物品立即送还本人或上缴妥善处理。

餐厅清理工作须在宾客全部用餐完毕后进行。

清理餐桌地面，餐具用具清洗消毒后收好，打扫餐厅卫生，一切家具设备归位。

2. 会议团体用餐服务

(1) 承接任务，了解情况。搞清会议名称、人数、会期、用餐标准、就餐形式（成桌开饭、分餐或自助餐）等基本情况和特殊要求。

(2) 制订食谱。会同厨师根据用餐标准、就餐形式、货源情况和用餐单位的特殊要求制订食谱。早餐品种和正餐的菜肴品种三天不重样，并征求用餐单位的意见。

(3) 按照用餐人数安排餐厅，摆好餐桌、台面。一般摆吃盘、碗、筷、汤勺即可，如有特殊情况加上酒水时，再增摆酒水杯；成桌开饭时，每桌要摆上公筷、公勺各两副，调味瓶和牙签筒按需要摆设；要求摆小毛巾的在餐前摆上，一般是五块一叠，分放在两个盘中。采取分餐方式时，则只摆放调味瓶、牙签筒、小毛巾等。

(4) 上齐菜点，按时开饭。服务员要及时了解、掌握进餐时间，在餐厅门前有专人迎候，引领入座，客人到齐一桌上一桌饭菜，逐桌及时上齐。主食摆放要方便客人用餐。分餐时按份分上。

(5) 如凭餐券用餐，要按台点清人数、收取餐券。客人主动代为收券，要注意清点，并向客人致谢；餐券数不足时，应礼貌提醒疏忽的客人。

(6) 上齐菜饭后，服务员要按分工每人照顾若干个台面，来回巡视，及时提供宾客需要的服务。

(7) 清真菜、病号饭要事先了解，确定份数，并指定专桌用餐、专人服务。

(8) 客人就餐中招呼服务员时，临近的服务员要主动应答，问清事由，妥善办理。

(9) 客人餐毕离座时，服务员要提醒客人不要遗忘东西，然后礼貌道别。

(10) 待客人全部离去后，清理台面，按规定刷洗、消毒，放置好餐具、用具；打扫餐厅卫生；一切家具设备归位。

3. 中餐宴会服务

(1) 准备。服务员接受任务做到“六知”、“三了解”。“六知”即知主、客身份，宴请标准，参加人数，安排桌数，开席时间，菜式品种。“三了解”即了解宾客风俗习惯，生活忌讳，特殊需要。并根据上述情况安排场地，搞好卫生，要求餐厅美观，休息室舒适，卫生间洁净。

准备好充足的餐具、酒具、用具及所需物品。

一般宴会每台配备一名服务员，高级宴会每台配备一名服务水平高的服务员及助手。

(2) 摆台。根据主客座次（见图 6–1 和图 6–2）摆台。

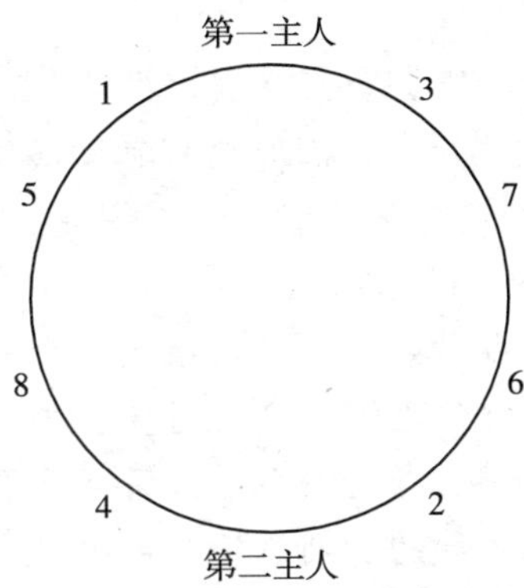

图 6–1　双主人交叉排位

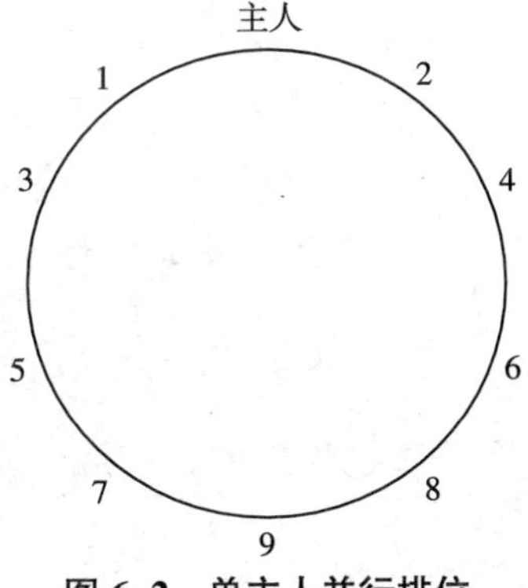

图 6–2　单主人并行排位

台布平整、中线对主位，四角均匀。餐椅依主位均匀对称摆放。

布碟正对餐位，摆放均匀，碟花要正，距桌边 2 公分，勺托和瓷勺放在布碟的正前方，勺把朝右，勺托与布碟中心线垂直，距离为 0.5 公分。红酒杯对正布碟中心线，距勺托 0.5 公分，白酒杯放在红酒杯右侧，水杯放在红酒杯左侧，三套杯间距1.5公分，平行成一直线。筷子架、筷子放在布碟右侧，筷子架与勺托和红酒杯的中心线平行，筷子顶距桌边2公分，勺把不能压筷子。公用碟放在正、副主人的正前方各一个，碟内各放一个瓷勺和一双筷子；勺在前，勺把向左，筷子顶端向右；公用碟边与红酒杯距离为2公分。牙签筒分别放在公用碟的右前方，烟缸从正主人右侧开始，每隔两个布碟摆放一个，其外切线与酒杯平行线对齐，与左右布碟距离要均匀。

餐巾要整洁，手要卫生，折花造型讲究，突出主位，插放在水杯或酒杯中。

冷菜在客人入席前摆放。颜色、味道合理搭配。

(3) 迎宾。宾客来时，迎宾员主动上前问候，并引至宴会厅（或休息室）。服务员站在厅口笑迎，礼貌问好，并为宾客接衣挂帽，放好携带物品，送上香巾、茶水。

(4) 斟酒。宾客入席后，服务员应在宾客的右边，左手拿一块干净口布，右手斟酒水。顺时针方向，先宾后主，酒瓶商标朝向宾客，不滴不洒。瓶口不碰杯口，勤斟，适量（八分满为宜）。瓶内的酒不要斟光，应留少许。

(5) 上菜（点）。从主人右边第三人处上菜；带作料的菜，要先上作料后上菜。掌握上菜顺序和时间，安放得当，报清菜名，介绍特点。

(6) 分菜。服务员在主宾的左边，分菜时要左手托菜盘，右手拿叉勺，顺时针方向，先宾后主，手法熟练，分份均匀。分菜后要留少许，供客自添。

(7) 换碟。一般宴席根据菜的类别，适量地统一换几次碟；高级宴会每道菜（点）换一次碟。先撤后上，若宾客碟碗内还剩有菜，要征得宾客同意后再撤。

(8) 上水果。宾客用完餐，应迅速收拾热菜餐具，清理台面，先送上香巾，然后上清洗消毒好的水果和配套用具。

(9) 整个服务过程，要求服务员动作轻快，有条不紊，勤巡视，勤斟酒水，勤换烟缸（不超过三个烟头），换烟缸时要先用干净烟缸盖在上面，防止烟灰飞扬。席间，客人发表祝酒词时服务人员不得随便走动，待客人祝词后，方可进行各项服务工作。

(10) 送客。宾客准备离席时，热情送客，礼貌道别。

(11) 清场。宾客离餐厅后，要及时检查，发现遗留物品，立即送还或交领导处理。清理现场，搞好清洁卫生。

4. 自助餐服务

(1) 摆台。根据场地情况和就餐人数的多少，可将自助餐台摆成条形、T形、方形、U形等形状，菜点集中顺序摆放于台面，汤、餐具等放在便于客人取用之处。

餐台附近要安置可容纳就餐客人的餐桌、餐椅，供客人用餐时使用，可适当摆放装饰品，低音量播放轻音乐，为就餐提供优雅的环境及和谐的气氛。

(2) 备餐。一般按冷菜、热菜、主食、点心、水果的顺序摆放，餐台设在中间时，餐台的两侧应呈对称状摆放菜点，以减少客人取用等候时间。菜点可中西搭配。

(3) 酒水。酒水的品种应能满足客人多层次的要求。酒水的数量要根据客人的多少，准备充足。可以在餐厅侧设置酒水台供客人自取，亦可用托盘或送餐车将酒水送至客人身边供客人取用。

(4) 添加。服务员要注意观察客人的用餐情况，及时添加菜点，保证餐台上的菜点品种齐全，数量充足，温度适宜。

(5) 清理。服务员应利用客人就餐的间隙随时清理台面，补充餐具，保持台面整洁美观；随时将客人用过的餐具收回，送到备餐室清洗消毒备用。

(6) 客人全部离去后，全面清理现场，搞好清洁卫生。

5. 餐厅卫生

餐厅的清洁卫生工作要严格执行食品卫生法和食品加工、销售、饮食卫生制度。

(1) 餐厅卫生。桌、椅、门窗、玻璃、墙壁、地面、天花板、灯具、门窗帘、椅套及环境保持清洁，设备设施摆放整齐，布置合理。

(2) 餐具卫生。餐具、酒具要严格清洗消毒，做到无油腻、水渍、手印、唇印，无破损，妥善保管。

(3) 菜点卫生。把好食品质量关，变质和不洁食物不上桌，酱油、醋等作料要严格保管，容器要定期清洗。

(4) 操作卫生。操作时手指不可触杯口、碗口、盆内，不得直接与成品接触。

(5) 个人卫生。服务员要定期检查身体，无健康证不准上岗，患病或手有破损不准上台；要勤洗手、洗头、洗澡、理发，勤剪指甲，勤换衣服、工作服、工作帽。

(五) 会议及娱乐服务规范

1. 礼堂会议服务

(1) 会前准备。礼堂服务人员要了解会议名称、时间、规模及有关要求，注意保密工作。

搞好礼堂、休息室及公共卫生间卫生，场内固定桌椅全部复位，活动桌椅按要求摆放。

调试灯光、音响、空调（风扇）等设备，以保证会议使用。

协同会务人员布置会场，制作横幅、铭牌。

按上主席台人数布置好座位、准备好茶具、话筒，依职位高低或主宾顺序安排座次，如图 6–3 和图 6–4 所示（根据主席台面向，右为上，左为下）：

单数时（见图 6–3）：

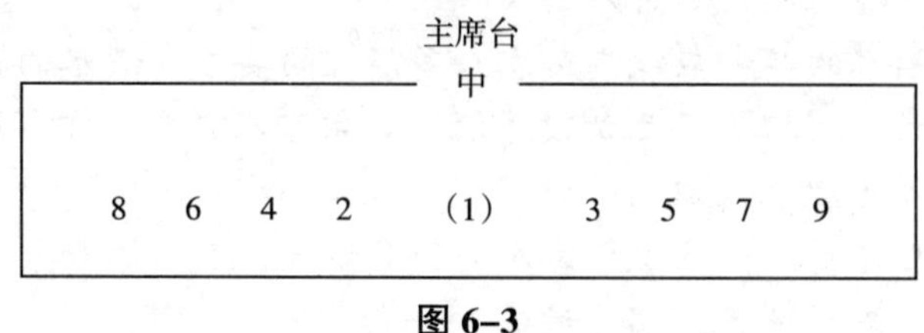

图 6–3

双数时（见图 6–4）：

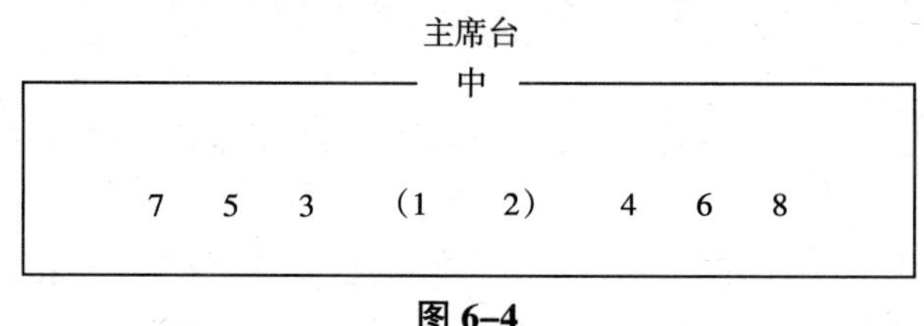

图 6–4

在礼堂休息厅准备好饮用水及消毒公用杯。

（2）会间服务。门厅服务员彬彬有礼，根据会议主办单位的要求验证放行。会场服务员引导到会人员按要求位置就座，无特殊要求时尽量往前引导。

在主席台上就座的领导同志到达后，由服务员与会务人员配合，先引入休息室，帮助其将衣物挂在衣帽架上，送茶及香巾。

会议期间主席台服务员适时为宾客上水，上水时由两名服务员同时从中间向两端于宾客身后上水，要做到姿态端正、脚步轻盈、动作快捷、无误。

场内服务员要勤巡视，随时主动提供与会人员所需的各种服务。

（3）会后清理。会议结束，待场内人员全部退出后检查有无遗留物品，发现后及时退还或妥善处理。清扫会场，桌椅全部复位，茶具消毒后妥善存放，电器全部关闭。

2. 会议室会议服务

搞好会议室卫生。沙发或坐椅按会议人数摆放，略有富余。检查电器工作是否正常。可根据会议内容适当摆放鲜花、盆景。准备好已消毒茶具、烟缸、墨水及备用笔、纸等。烟缸按每两人一个摆放，笔、纸待宾客需要时提供。

宾客到达时，服务人员礼貌迎接，引导主人与主宾于会议桌中间位置相对入座，主宾双方其他人员分宾主方依次就座。如图 6–5 所示：

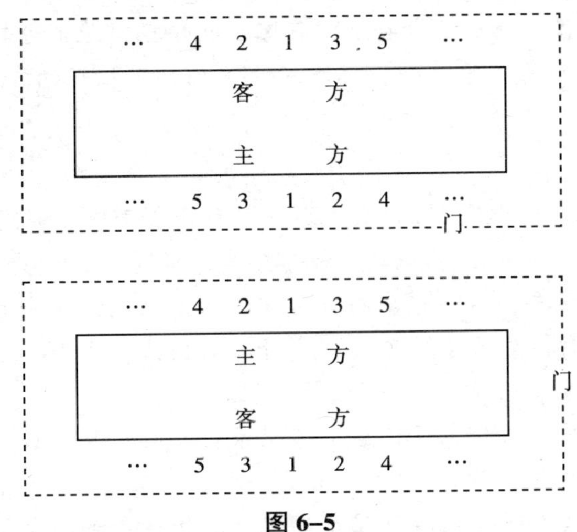

图 6–5

无宾主之分时，将会议组织者引至主客位置就座。

会议期间适时上茶、香巾、更换烟缸等，动作轻盈、快捷、无误，并主动提供适合客人需要的服务。

会议结束，清理会议室，检查有无客人遗留物品，茶具、用具按规定清洗存放，家具归位，电器关闭。

3. 歌舞厅服务

清理布置歌舞厅，使之整洁、美观。在醒目处标明服务项目名称和收费标准。调试灯光音响系统，保持正常状态。沙发或靠背椅摆放整齐，桌上备好蜡烛、点歌单、笔等物品。

迎宾小姐彬彬有礼，迎接宾客，引导入座。服务小姐为来宾点燃蜡烛，送上茶水或所需饮料、食品等。为来宾送上歌曲名单，并欢迎宾客点歌。

主持人风格独特、语言优美，感染力强，充分调动宾客的表演热情。调音员及时准确调放出点播乐曲，并以最佳音调及音响效果配合，使宾客满意。

选择多种舞曲，适应不同宾客的爱好，并以灯光配合。

歌舞结束，服务先生或小姐礼貌送客，热情道别。

宾客全部退场后，清理厅内杂物，家具归位，茶具、用具清洗消毒。发现宾客遗留物品及时送还或妥善处理。最后关闭电器。

歌舞厅的各项服务及经营管理，要严格遵守国家的有关规定。

（六）综合服务规范

1. 电梯服务

电梯服务员在运行中要安全、迅速、准确地为上下楼层的客人服务。开关电梯门时不能夹碰宾客，电梯满员时要向宾客说明情况，绝不可超员运行。

装载行李时，重物放于外档，轻物放于里档；不怕压的在下，易损的在上；大件在下，小件在上。

2. 话务服务

(1) 眼盯信号，思想集中，接线迅速，不可用长声或急促震铃。

(2) 熟记常用外线电话号码 100 个，接线通话时，必须先说"您好"，并报馆所名。与客人对话要声音清晰、态度和蔼、语言准确、反应迅速。

(3) 接转电话时，先长途后市内，先外线后内线，先来宾后职工，先外宾后内宾，先主后次，先急后缓。

(4) 长途电话挂拨正确，通话后准确记录，及时结算，如受话宾客不在，通话人要求转告，应详细记录，及时转告。

(5) 外来电话找人时，及时转接帮助查找；馆所内询问电话要准确回答，宾客要求代查代找要耐心帮助，无法查找时要说明情况并表示歉意。

(6) 代客留言及时准确转达。叫醒服务准确无误。

3. 商务中心服务

正确、熟练掌握复印机、传真机、打字机等办公设备的使用方法，注意随时保养。

传印文件清晰、迅速、无误。

打字服务准确及时，质量可靠，注意文件保密。

各项服务需明码标价，合理收费。

4. 商品部服务

(1) 柜台明亮，地面清洁。商品陈列整齐，明码标价。

(2) 宾客近台，热情迎候，对宾客感兴趣的商品，热情介绍性能、特点，并多拿几件任其挑选，做到多拿不厌，多问不烦，不恶语讥讽；售出商品要包扎牢固；账款要唱收唱付。宾客离去时礼貌道别。

(3) 宾客退换商品，要热情接待，能退换则退换，不能退换的要耐心说明原因并致歉意。

5. 美发室服务

(1) 地面、墙面、门窗、天花板清洁卫生，镜面、台面、玻璃明亮。

(2) 设备、用具齐备，符合卫生要求，并按次序摆放。吹风机、烘干机等电器运转正常。

(3) 毛巾及直接与顾客接触的物品要消毒。

(4) 对到来的顾客表示欢迎，问清要求，引导入座。若无空位，则礼貌请顾客在等候座位上休息。

（5）美发时对顾客讲话态度和蔼，根据顾客要求按技术标准操作，以所能达到的最高技艺使顾客满意。

（6）明码标价，合理收费，唱收唱付，并礼貌道别。

（7）地面随时清扫，用具随时清理，毛巾随时消毒。

6. 设备维修服务

设备维修人员定时检查所辖的设备设施，消除故障隐患，保障设备设施完好。

接到故障通知，须立即到达维修地点，不得拖延。

维修过程中，须按规程操作，保证质量，迅速修复。对不能维修的，须立即向有关部门报告。

客房设备维修，须由客房服务员陪同。

第七章 培养造就优秀的员工队伍

科学技术是生产力，管理也是生产力。如果招待所只有物资和设备的优势，没有人才的优势，不注重人才的培养教育，没有一支过硬的、优秀的员工队伍，就不可能对宾客提供优质的服务，不可能有创造力和竞争力，也不会有好的经营发展。在生产力诸多要素中，人是最活跃的因素，服务和管理的核心是人，人才是实现招待目标最根本的保障。要下力气造就一批批革命化、年轻化、知识化、专业化的员工队伍，既要靠院校进行系统培训，还要靠每个招待所常年不间断地进行各类职业的培训教育，要舍得投资，着力培训高素质、高技能，使他们不断地更新知识，培养造就优秀的员工队伍。培训要有正确方法和必要内容。

员工培训

培训工作是无形的，周而复始的，不能间断的。培训工作是提高政治水平，能够收到很好效果的智力投资。要使培训工作形成一种经常性的制度。班组的日常培训是极好的培训机会，它实在、针对性强，能解决实际操作问题。

服务和服务质量是招待所参与竞争的最大资本，而员工的培训是提高招待所服务质量的生命线。

（一）上岗前的培训

新员工不要急于让他们马上进入工作岗位，应先进行职业教育，使他们明白从事招待所服务工作的社会意义，让他们懂得自己的职责、服务标准、服务规范、服务程序、各项工作的操作方法及本身应具有的条件和素质。岗前培训主要有如下几个方面：

(1) 介绍招待所的规模、等级、文化纲要、经营方针和发展前景，激励他们积极工作。

（2）介绍内部的组织机构和各部门之间的协调网络，了解和熟悉各部门的职能，以便在工作中能准确地与有关部门取得联系。

（3）介绍招待所各项服务设施的营业时间、收费标准、所在位置等情况。

（4）介绍招待所的规章制度和岗位责任，使其自觉遵守，一切服务按饭店制定的规格、标准、程序、制度办事。

（5）介绍招待所的防火安全措施。掌握消防知识，会使用消防器材及处理安全工作中发生的问题。

（6）介绍各种电器设备的使用、维修、保养的知识和方法，保证能掌握安全使用的方法。

（7）介绍招待所仪表仪容和着装要求。

（8）介绍招待所礼节礼貌的基本要求。

（9）介绍招待所举止姿态要求，进行站、坐、行、蹲的训练。

（10）进行服务用语的学习训练。

（11）进行各部门专门技能的训练。

（12）职业道德、精神文明建设等的培训。

（二）上岗后的培训

新员工上岗经过一段时间的实践工作后，在基本熟悉本职工作的基础上，再对他们进行深入一步的培训。培训的内容应要求知识面广泛，理论知识要系统，实际操作要严格，有正确的工作态度，思想稳定。培训的目的是使他们能够达到独立工作的能力。

在岗培训主要由班组长担任，方法多种多样、培训内容比较广泛。灵活性、选择性和针对性较强，不受时间、地点、人数的限制。培训的主导思想是以岗位练兵为主，本着干什么学什么，缺什么补什么进行培训。以实际操作为主，来达到提高巩固理论知识、掌握和提高业务技术能力。每个人都要不断地学习和掌握新的服务知识，吸收现代先进的、科学的管理方法和操作技术，不断地改进本部门、本岗位的服务工作。其主要方法包括：

（1）专题讲座。聘请本单位或外单位经验丰富的专业人员，以专题形式讲授。可利用下午或晚上的空闲时间，一般以一个半小时左右为宜，每次讲一个或两个专题。

（2）座谈讨论。对学过的专题进行消化共同研讨，使每个人都有机会论述自己的观点，把好的方法、经验集中起来，运用到实践中去。增强分析能力、判断能力。

（3）外出参观。到模范单位参观学习，学习外单位的先进经验，补充自己的不足，以适应市场发展的需要。

(4) 岗位练兵。以工作岗位为课堂，从实际需要出发，在专人指导下，既学基本技能，又学基础理论，应经常有计划地进行考核。

(5) 技术比赛。技术比赛属直观教学，既可以达到相互学习、取长补短、共同提高的目的，又能发现技术尖子、技术能手，也是考核每个人技术状况的一种方法。比赛可在同行业和同等级别的员工中进行，是鼓励员工学技能、争先进的最好形式，一般每季度都要安排进行一次，列为必定的工作项目，促进技能熟练程度的提高和开发新的、科学的先进方法。

(6) 业务学习。可利用业余时间或淡季，举办各种类型的学习班，如外语、形体训练、演讲会、消防演练等。

培训的方法、形式很多，要根据自身的实际情况，尽量灵活地多安排一些培训。一般下午可培训一个半小时左右，晚上可培训两个小时左右。

(三) 考核的方法

考核是对接受培训员工学习成果的检查。考核阶段是培训工作的总结阶段。通过考核可以检查员工的各项学习成果，同时也可以检查培训人员的工作是否成功。考核工作大致可以分为三个方面：

(1) 试卷考核。笔试是一般通用的考核方法。考试的题目应该有一定的难度，让员工经过思考才能答出来，实际上思考的过程就是加深印象的过程，这对学员很有好处，通过考试能有所提高。

出题的方法很多，可以设一些填空题、判断题、改错题、选择题、问答题等。

每份考卷都要有标准答案，标准答案应在出题的过程中就已经考虑周全。

(2) 实际操作考核。就是对学员传授的服务技能进行考查、核对，测验学员掌握服务技能的程度，是否达到了教学的预期目的。

实际操作的考核要准备相应的器具和场地，要统一制定考核的评分标准，要有评判员、记分员。实际操作考核一般是某项技能操作的准确性、美观性和熟练程度、动作的协调等。

(3) 评估与鉴定。根据学员参加实际工作后的表现，对其工作做出评定。检查其所学的知识、技能在工作中运用的熟练程度，包括工作态度、服务意识等方面。根据考评的具体内容，还可以定出评定等级，可以用好、中、差来表示。鉴定是对员工工作的综合评价，肯定其工作成绩，找出存在的问题，有利于对员工的培训提高和人才的选拔，以及先进分子的涌现。评估的成绩应让员工知道，以利于发扬成绩、纠正不足。

(四) 军事化训练

很多招待所对每年新招员工进行军事化培训，以提高员工组织纪律性，培养集体主义精神、吃苦耐劳精神和自我约束力；提高员工身体素质，增强体力，养成良好的作风。某大型单位每年招新服务员都集中进行两个月左右的训练，这样上岗后，就能称职地担任起所分配的工作任务，一般军事化培训的内容有：

（1）军队的基本常识。

（2）军队的内容条令。

（3）军队的光荣传统教育。

（4）形体基本功训练。

（5）队列训练。

（6）心理行为训练。

（7）为人民服务和人生观的教育。

（8）法制法律常识教育。

（9）职业道德教育。

（10）安全生产力与劳动纪律教育等。

（五）培训人员应具备的条件

对员工的培训除招待所统一组织培训外，日常的培训工作应主要由班组长来担负，所以班组长就必须掌握与培训有关的知识及教学的要求。员工培训的效果如何，在很大程序上取决于班组长的认知。一般来说，班组长或担任培训的人员应具备如下条件：

（1）有培训的热情。有责任帮助员工提高业务素质、愿意担任这一角色的热情，有教学的愿望，否则就无法进行这项工作。

（2）有广博的知识面。对本岗位、本职工作有全面、深刻、系统的了解。对所讲授的知识必须弄通弄懂，同时在培训工作中要做好示范表演。

（3）具有良好的语言表达能力。能够使用简捷明确、通俗易懂的语言，授课时做到层次分明、条理清楚，使学员明确学的是什么，有什么要求，应该如何去做。

（4）具有幽默感。作为教员讲课的方法，使用的语言对讲课的效果有直接的影响，具有幽默感往往能在讲课的过程中适时地说几句幽默话或穿插点儿幽默的玩笑，对培训的效果会起到推动作用，也可以增加培训的活跃气氛，切忌平铺直叙、照本宣科的死板讲法。

（5）要有耐心。教授一项知识的目的是让全体参加培训的人员都能掌握，而人的接受能力是有差异的。教学一定要本着客观现实的原则，在讲解、示范上做到不厌其烦、耐心细致，凡需学员掌握的，一定要让学员全部学到手。

（6）科学合理安排时间。经常抓培训就要学会科学合理安排时间。就是在日常安排工作时，要把培训安排在一定位置上，不要因工作忙而被挤掉，要懂得培训的成果是长久的，工作是高效的。

培训是投资，是一笔可以有很高效益的投资。培训是招待所永恒的话题，能造就一批批优秀合格的员工。它使每位员工都有热情、主动的服务意识，娴熟的服务技巧，时时以微笑礼貌体现热情，以周到细心争取主动；它使每位员工都有一颗美好的心灵，洋溢着真诚情感，全方位、全过程投入，从而赢得众多宾客的赞誉，结出丰硕的成果。

班组长要能熟练掌握所在岗位的服务知识和技能。不仅会做，而且还要能讲、能对所属员工进行知识技能的培训。

员工仪表

（一）服务概说

服务是招待所最基本的任务，是招待所员工进行各项接待所付出的劳动，同时又是一种工作，是为集体、他人或某种事业而工作。如烹饪、理发、洗染、倒水、斟酒、整理房间、摆餐具等。

服务行业是为人服务、使人生活上得到满足的行业，如旅馆、餐饮、浴池、理发和洗染等行业。招待所的工作属于服务行业。

招待所员工是服务人员，天天、时时与“服务”这两个字打交道。每天上班讲的是服务，干的是服务，研究的是服务，如服务知识、服务管理等。每天要求的是好的服务，如礼貌服务、感情化服务、微笑服务等。服务又分为多种不同项目，如总服务台服务、客房服务、餐厅服务、会议服务等。

招待所服务是通过提供一定的劳务活动来满足宾客旅行生活的需要。招待所为宾客提供住、食、游、购、开会、商务、娱乐、健身等活动的方便，出售的是服务。服务同其他商品一样，有着自己特殊的使用价值。

对于服务这一商品来说，生产与消费是同步进行的。即生产者（服务人员）对消费者（宾客）的服务是直接、面对面地进行，服务的好坏程度是要由宾客当面验证的。招待所为宾客提供的各种服务，只有当宾客在招待所时才能进行。当宾客离开招待所时，服务就终止了。所以，在招待所经营过程中，必须要有众多的宾客，才能使服务循环不断。

服务人员的仪表体现了招待所的精神风貌，是接待服务中首先要抓好的问题。每个员工在接待宾客或为宾客服务的过程中，都应以一种自然美的形象出现在宾客面前，使宾客形成美的第一印象，并从不同侧面直接感受到美的服务。

（二）员工仪表

员工的仪表包括容貌、姿态、风度三个方面。

1. 容貌

员工整洁、光彩的容貌能起到先声夺人的作用，是仪表的组成部分，绝不可忽视。具体包括：

（1）体格相貌。五官端正，视力正常，不戴眼镜；身材匀称、丰润；男服务员身高 1.7 米以上，女服务员身高 1.6 米以上；体格健康，能适应长时间的站立服务。

（2）着装服饰。着装朴素大方；服饰按部门或工程统一颜色，便于识别，方便服务；外衣挺括，内衣清洁，干净利落。着装服饰相当于人的名片，可以表现人格。它是无声的语言，是人的心灵与内涵的外露；它能反映一个人的社会生活、文化水平等方面的修养；它左右着一个人的成就。着装服饰相当于单位的徽章，它质地面料的优劣反映了单位档次的高低。统一、整洁的着装服饰，有一种"无形的魅力"。它是高度组织纪律性、集体容貌的体现，是高质量服务的象征；它体现了职工认真的工作态度，也体现了对宾客的礼貌和尊重。

（3）修饰卫生。发型按统一规定，一般男不过耳，女不过肩；勤理发，不蓬乱；勤刮胡子，看不到胡碴；勤剪指甲；勤洗澡，无汗味。招待所通常规定，上岗不戴耳环、手镯、项链、别针等饰物，应避免过分地打扮和浓妆艳抹。服务员既要会工作，也要会休息，要有足够的睡眠，有充沛的精力和体能。日常进行适度的外貌修饰，会使服务人员容光焕发，充满活力，华贵娇艳，给宾客留下美好的印象，促进愉悦的气氛。

（4）精神风貌。神采奕奕，精力充沛。这是指人面部的神所和光彩，眼睛里充满兴奋，精神饱满，光彩闪动；而不是无精打采，懒散疲沓。要有旺盛的精神风貌，满面春风，给宾客以亲切的感受。

员工的容貌，是反映服务质量的标准之一，它对促进服务工作标准化、规范化、制度化起着重要作用。它使宾客一见到员工就有一种赏心悦目的感觉；使宾客感受到一种良好优秀的环境，乐于住下，以享受更好的服务。

2. 姿态

姿态是指人体在空间的活动、变化形式，是人仪表的组成部分。服务人员稳健端庄的姿态、敏捷准确的动作，可以弥补体形上的某些缺陷，更是一种美的提示，并有助于身心健康。

在相互交往时，人们的情感往往是通过人体某一部分的形态变化表现出来的，称为"体态语言"。它在社会交往中无处不在，并且很实用，有"此处无声胜有声"的作用。在服务工作中，最基本的姿态是坐态、站态、行态、手势、表情等。服务人员在上岗之前应进行姿态训练。

（1）坐态。坐态要端正，这是体态美好的重要内容之一。平坐在椅子上的要领是：人体重心垂直向下，脊柱向上伸直，脸部向前挺，双肩放松平放，躯干与颈、髋、腿保持垂直，脚正对前方。手自然放在双膝上，双膝并拢。目平视，面带笑容，坐时不要把椅子坐满（服务人员应坐椅子的 2/3），但不可坐在边沿上。就座时切不可有以下几种姿态：

1）不可坐在椅子上前俯后仰，摇腿跷脚。

2）不可将脚跨在椅子上、沙发扶手上，或将脚架在茶几上。

3）女子就座不可跷二郎腿（要把双膝靠紧，脚跟自然靠齐）。

4）坐在椅子上同左或右的客人谈话时不要只扭头（这时可以侧坐，上体与腿同时转向一侧，头部可以对着前方）。

（2）站态。服务岗位绝大部分有需要站立服务，它能够给宾客带来恭敬、尊重的感觉，很多招待所提出口号“椅子是给客人坐的”。有的饭店部门经理以下，上班时间不设椅子，要求是走动管理站立服务。要求服务人员能站立 8 小时以上，管理人员能站立 10 小时以上。

优美而典雅的站态，是形成不同质感动态美的起点和基础。俗话说“站要有站相”，站立时要直立站好；从正面看，身体重心线应在两腿中间向上穿过脊柱及头部，重心放在两个前脚掌上。站立的要领是：

1）挺胸、收腹、梗颈。

2）站立要端正，眼睛平视，环顾四周，嘴微闭，面带笑容。

3）双臂自然下垂或在体前交叉，右手放在左手上，以保持向宾客提供服务的最佳状态。

4）女子站立时，双脚呈“V”字形，双膝靠紧，两个脚后跟靠紧。

5）男子站立时，双脚与肩同宽。

6）站立时要防止重心偏左或偏右。

7）站立时双手不可叉在腰间，也不可把脚向前或向后伸过多，甚至叉开很大。

8）站立时身体不能东倒西歪；站累时，脚可以向后撤半步，但上体仍须保持正直，不可把脚向前或向后伸过多，甚至叉开很大。

（3）行态。

1）行走时，身体重心可以稍向前，它有利于挺胸、收腹、梗颈，身体重心在前脚掌上。小腹用一点力使身体略微上提，走起路来就会显得有活力和神采奕奕。

2）行走线迹要成为直线，脚印应朝向正前方。

3）走路要轻而稳，上体正直，抬起头，眼平视，面带微笑。

4）两臂自然地前后摆动，肩部放松。

5）切忌行走时摇头晃肩，大摇大摆，手插口袋。

6）服务人员在公共场合与宾客同行时，不可抢道穿行，不可三五成群并行，不可勾肩搭背、边走边说笑边哼小调。

（4）手势。手势是最有表现力的一种“体态语言”，是一种动态美，运用得体适度时，会在交际中起到锦上添花的作用，而且在服务中可以增强感情的表达。做手势时要求规范适度。

1）给客人指方向时，要把手掌伸直，手指自然并拢，手掌向上，以肘关节为轴，指向目标，同时眼睛要看指向目标并兼顾客人是否看到指示的目标，切忌用一个手指指点。

2）谈话时手势不宜过多，幅度不宜过大，否则会有画蛇添足之感。

3）在介绍、引路、指示方向时，都应掌心向上，上身稍前倾，以示敬重。

4）使用手势要注意各国的不同习惯。竖起大拇指，一些国家认为是称赞、夸奖的意思，在澳大利亚，则认为是侮辱。用手指组成“O”形，美国人认为是好或平安，日本人认为是钱，地中海沿岸的人则认为是一种侮辱。所以在接待外宾时，做手势要特别注意，防止闹笑话，以致引起不必要的麻烦。

（5）表情。表情是面部形态的变化，以表达人们内心的思想感情。社会生活是广泛而复杂的，会引起人们的感触，表现出喜、怒、哀、乐等丰富而细腻的情感。

人们在相互交往中，最先见到的是对方的面部表情，并可以立即通过这种表情判断出对方对人、对事的态度，从而产生初次交往中的第一印象。如服务人员对宾客的到来持欢迎的态度，则面部表情为亲热、自然、微笑；如不持欢迎态度，则面部表情冷淡、厌烦，板着面孔。在工作中，服务人员应保持良好的面部表情，面带微笑，精神饱满，热情。微笑待客、满面春风体现了服务人员发自内心的热忱，是给宾客的温暖和尊重；也体现了自身的人格魅力，使宾客一见到你就产生一种亲切感。无论自己有多悲伤的事，只要是当班接待宾客，就不能让它表现出来。

表情有以下两个突出的因素：

1）眉眼表情。眉眼表情是人们常说的眼神。眼睛和眉毛有许多种动作表情，其微妙变化可以传递很多信息。如所谓目光闪烁、目光和蔼、目不转睛、挤眉弄眼、横眉冷对、眉开眼笑、眉目传情等词汇，都是描述眉眼动作的。又如所谓“使个眼色，让对方心领神会”、“只可意会，不可言传”等短语，就是描述人们借助眉眼表情来实现自己的目的。

2）笑容。笑容是人们在相互交往时，受到客观事物的某种刺激所引起的主观反应，是一种社会性反应。笑容有重要的作用，它所传递的信息是十分丰富的。如所谓“笑容可掬”、“笑逐颜开”等，就是形容内心喜悦的自然流露。笑的形式多种多样，如微笑、大笑、嬉笑、欢笑、苦笑、冷笑、假笑等。不同的笑声在不同的场合有不同的效果和作用。在招待所服务中，要倡导“微笑服务”，使宾客在微笑中受到欢迎、受到尊重，从而感受到亲切和愉快的气氛。

（三）风度

风度是指人美好的言谈、举止特点，是待人接物的一种外在方式，是一个人思想情操、意志、品德、学识及性格的综合反映。

人的风度十分重要。一个人虽有良好的容貌，却会因没有风度而黯然失色；外表虽不漂亮，却可以通过自己良好的风度使人折服。不同的人有不同的风度，有的人果断敏捷，有的人持重谨慎，有的人雍容华贵，有的人朴素大方，有的人活泼幽默，有的人庄重文静，有的人热情奔放，有的人含情脉脉，有的人忧郁深沉。职业、年龄不同，风度亦不相同，外交官有其外交风度，将军有其大将风度。

服务人员的风度应与自己的身份相称。服务人员应稳健、沉着、活泼、潇洒，彬彬有礼，文雅大方。说话要文明礼貌、和蔼亲切；要讲普通话，使宾客能听得懂、听得明白、听得清楚；要使宾客乐于和你交谈、打交道、交朋友，一听到你美好温柔的声音，就产生一种听觉上的美感。

马克思主义认为，外表的美和文雅的举止是人们内心的纯洁和内在美的反映，是一个人道德面貌的外在表现。在社会主义社会，良好的风度被看做为人谦虚和持重的日常表现形式；是善于把握自己行为，待人关切、分寸适度，尊重他人和富于同情心的表现形式。风度不仅反映在具有道德意义的要求中，而且也反映在人的审美观念中。因此，在评价风度时，要坚持伦理道德和审美的统一，要把行为的外在形式、人的文化素养以及自然表现联系起来。

1. 良好风度的主要表现

（1）庄重。仪表端庄，举止潇洒，待人接物诚恳热情，落落大方。

（2）严谨。生活作风、工作作风、思想作风正派科学；生活态度、工作态度严肃认真，谨慎周密。

（3）镇定。在困难的情况下或危急关头能镇定自若、头脑清晰，采取果断行动，而不优柔寡断，惊慌失措。

（4）幽默。内心世界博大，感情深沉，充满自信；善于通过比喻、影射、双关等修辞方法，在善意的微笑中，揭露、抨击生活中的乖违和不通情理之处，活跃气氛。

（5）勇敢。在任何情况下都能振作精神，不怕危险和困难，保持自己的尊严和优良品质，坚持正确的原则，同错误的行为进行不调和的斗争，关键时刻能挺身奋斗。勇敢要和智谋、谨慎结合起来，而不是一时感情冲动下的盲目举动。

心灵美是良好风度的内核。心灵是指一个人的内在的精神世界，心灵美就是个人的思想、品德、情操美，它要求人们注重思想、品德和情操的修养。

风度之美是内心美的自然流露，装腔作势是不行的，只有心灵美才有风度美。我们要用自己的知识修养，机敏地、礼貌地处理问题。

2. 良好风度的养成

（1）要有良好的品德和才能，这些必须靠日常训练养成。

（2）要有良好的文化素养，渊博的学识，精深独到的思辨能力。

（3）要有爱国主义精神，诚恳、正直，不做有辱人格、国格的事情。

（4）不损人利己，不弄虚作假。

（5）不咬文嚼字、油腔滑调，而故作斯文，外表上装出一副美的“架式”，实际上是虚伪的。

人的美除了表面的东西之外，还包括许多内在的东西，如修养、智慧、兴趣、举止、谈吐、格调、能力……

人的美并不在于外貌、衣服和发式，而在于其内心，要是一个人没有内心的美，我们常常会厌恶其漂亮的外表。

员工素质

员工素质是做好接待服务工作的基础。不断提高员工的素质，是招待所思想建设、业务建设的根本性问题。它集中反映招待所经营管理水平和服务水平的高低。

素质是在社会实践中逐步发育和成熟起来的。某些素质的缺陷，可以通过实践和学习获得不同程度的补偿。因此，招待所服务人员的素质主要取决于教育和培训。

当前，招待所业正处于激烈的竞争阶段，其表现的方面很多，如服务设施、服务质量、客源市场、销售价格、人员素质的竞争等。但是，竞争最终是集中在招待所的人才竞争，也就是员工素质的竞争上。谁拥有一流的服务人员，谁就会立于不败之地。所以，提高员工的素质是每个招待所必须高度重视的课题。

员工的素质主要包括以下几个方面：

（一）政治道德素质

坚定正确的政治方向，是政治道德素质的一个方面。其表现为对政治形势、国际关系、政治制度以及国家经济建设大政方针的认识、情感反应和立场。在社会主义社会，人们有着共同的经济利益，对社会发展方向有着共同的要求。国家加强马克思主义的指导地位，弘扬爱国主义、集体主义、社会主义精神，以在全社会形成建设中国特色社会主义的共同理想和精神支柱。

良好的道德观念是政治道德素质的另一个方面。道德是人类社会所特有的一种意识形态，是一定社会调整人们之间以及个人和社会之间关系的行为规范总和。它是以人们社会生活中形成的善和恶、正义和非正义、公正和偏私、诚实和虚伪等道德观念来评价人们的各种行为和调整人们之间的关系；是靠内心信念、社会舆论和传统习惯等在社会中起调节作用的。

社会主义国家需要加强社会主义道德建设，逐步形成与发展社会主义市场经济相适应的社会主义道德体系。在21世纪初，中共中央颁发了《公民道德建设实施纲要》，全面贯彻江泽民同志的“三个代表”重要思想，在全社会大力倡导“爱国守法、明礼诚信、团结友善、勤俭自强、敬业奉献”的基本道德规范，努力提高公民道德素质，促进人的全面发展，培养一代又一代有理想、有道德、有文化、有纪律的社会主义公民。

服务人员的政治道德素质，主要包括以下一些内容：

1. 全心全意为人民服务

全心全意为人民服务是社会主义公民道德的核心。作为服务人员，首先要有正确的工作态度。它来源于正确的工作动机，建立在正确的世界观、人生观和价值观的基础上。服务人员应以国家、民族利益为立足点，充分认识自己的社会责任，真正树立全心全意为人民服务的思想。

（1）树立人民利益高于一切的观点。要摆正个人和人民利益的位置，不管自己有多少知识、做出多大的贡献，都应当把自己看成是人民的子女、群众的学生、社会的公仆，时时不忘人民利益，牢固树立人民利益高于一切的观点，永远做人民的勤务员、服务员。全心全意地为人民服务，就要克己奉公、舍己为人，不计较个人的利益得失。要帮助人民群众排忧解难，绝不利用职权假公济私，损公肥私。在日常工作中注意做到对待集体和他人应正直、善良、热情、诚实，并能容忍、体谅；对待自己应谦虚、谨慎、自尊、自信，有自知之明。

（2）牢记人民的养育之情。我们的衣食住行都来自人民的劳动，我们的知识才能来自人民所创造的精神财富、文化遗产的学习和继承。人民是我们的衣食父母，是我们的“上帝”。我们每个人生命的历程都是人民历史无限延续中的一个环节，既然要享受前人和他人辛勤劳动创造的成果，就应该为后人和同代人创造更多的物质财富和精神财富。

（3）牢记自己对人民的责任。自有人类社会以来，就有了社会责任，每一个人在自己生命的旅途中，都应该对他人、对社会承担一定责任。在现阶段，把我国建成富强、民主、文明的社会主义现代化强国是全国人民共同奋斗的目标，也是我们每个人的责任，我们一定要负起这个责任，把全部的精力都倾注到现代化事业中去，像雷锋所说的那样，“我活着是为了全心全意为人民服务，为人类的解放事业——共产主义而奋斗”。要树立正确的工作态度，必须培养热爱人民、尊重人民的信念，才能真正做好各项工作。

2. 爱祖国

爱祖国，要坚持祖国利益高于一切，自觉地把个人命运和祖国的命运联系在一起，把个人的发展和前途融入祖国的发展和前途之中。为了祖国的利益，必要时可以牺牲个人的一切甚至生命。这是爱祖国的最高层次的表现。要树立远大理想，为祖国多做贡献；要立志解放思想、实事求是，树立强烈的时代责任感，永远进取、鞠躬尽瘁、艰苦奋斗、不断开拓、自强不息。

3. 爱社会主义

社会主义是崭新的社会制度，是我国劳动人民根本利益的保障和幸福生活的源泉，只有社会主义才能救中国、发展中国，这是我国人民从自己的亲身经历中得出的必然结论。热爱社会主义，既是政治原则，也是社会主义道德的基本要求。要坚持社会主义道路，积极投入社会主义现代化建设，积极投身社会主义改革。改革是社会主义制度的自我发展和自我完善，是振兴中华的唯一出路，是全国人民的强烈愿望，是历史发展的迫切要求。坚持改革开放的社会主义方向，投身改革，是爱社会主义的进一步要求。要为社会主义祖国的繁荣昌盛贡献自己的一切力量，自觉维护社会整体利益，为社会主义、共产主义事业奋斗到底。

4. 爱劳动

劳动创造世界。劳动创造了人类本身。劳动是光荣豪迈的事业，劳动人民是国家和社会的主人。爱劳动是整个社会的美德，是衡量每个公民品质和行为好坏的基本尺度。要诚实对待劳动，按质、按量、按时完成劳动任务，遵守劳动纪律；以主人翁的态度发挥劳动积极性、主动性和创造性，尽量为社会多做贡献。不讲条件、不计报酬，高度自觉的共产主义劳动态度是爱劳动的最高层次的要求。要养成爱劳动的习惯，只有通过劳动，才能了解劳动创造世界的真谛，只有通过劳动才能真正懂得“一粥一饭来之不易”的道理。要养成爱护公物、珍惜劳动成果、艰苦朴素的思想品德，只有通过劳动才能增进对劳动人民的了解，密切同劳动人民的联系，增强热爱劳动人民的思想感情。不断增强自立意识、竞争意识、效率意识，为现代化建设而努力工作。

5. 爱科学

科学是人类知识的总汇，它所反映的是人和客观世界之间反映和被反映的关系。科学技术作为第一生产力，是推动社会主义社会发展和进步的根本力量。要尊重科学、尊重知识、尊重人才。努力学习科学知识、科学思想、科学精神、科学方法，反对封建迷信和好逸恶劳，让科学技术为祖国的“四化”建设服务。科学知识是陶冶人们心灵、推动道德进步的杠杆。只有学科学、用科学，才能了解科学的博大力量，才能增强爱科学的道德意识和道德情感，从而产生爱科学的道德行为。

要热爱自己的工作，有崇高的职业观念、职业态度和职业作风，努力培养专业兴趣。我们有时对某项工作并没有直接兴趣，但由于工作需要，必须有人去干，就要在实践中去培养兴趣。要尽快地掌握专业知识和技能，也就是要能够做到干一行爱一行，不能见异思迁。专业兴趣是做好本职工作的动力，它能鼓励人们不断地努力学习，推动人们去探索事物的奥秘。兴趣是可以在实践中逐步培养起来的。要跟上时代的步伐，掌握现代科学文化知识。当今世界，新技术革命浪潮冲击全球，知识更新越来越快。实现为人民服务的目的，关键要有真实的专业本领，必须立足当前、立足现实、努力学习专业技能，不断更新自己的知识，使自己的知识水平、工作技能不断提高，以适应发展的需要。

6. 有严格的组织纪律性

严格的组织纪律是搞好招待所服务的必要条件，每位员工都应具有严格的组织观念和法制观念。

纪律是指要求人们遵守业已确立的秩序的一种行为规范。它是社会中人与人进行社会联系的重要形式，是保证人们进行社会活动的必要手段。纪律有强制性和约束力，对违反者可以实行制裁。在社会主义社会里，纪律体现劳动人民的共同意志，维护人民的共同利益，是实现理想，执行路线，维护生产、工作和社会秩序的保证。社会主义纪律是建立在全心全意为社会主义奋斗、献身的基础上的自觉纪律，我们应把自觉遵守纪律看成是自己的重要职责之一。

组织纪律性是指个人对所属组织及其制定的纪律的态度，包括牢记其宗旨、纲领，积极参加其活动，努力完成组织交给的任务，承担必须履行的义务。正确处理个人和组织的关系，遵守其制度、纪律，敢于同一切违反纪律的现象做斗争；要加强组织纪律观念，养成服从组织原则、遵守纪律的习惯；应百折不挠地执行组织的决定，服从组织的分配，积极完成组织交给的各项工作任务。

严格的组织纪律性是依法治店的法宝，是取得各项工作成绩的有力武器，没有纪律就如一盘散沙，什么事情也办不成。要严格遵守国家法律、政策和外事纪律，严守国家机密，维护公共道德和公共秩序。

（二）心理素质

心理是人的内心世界。我们生活在世界上，在工作、学习、生活中总会遇到各种各样的问题，当我们要着手解决这些问题，头脑总会出现很多想法，会有所触动、有所感受、有所思考。这时我们的内心活动就显得十分活跃、十分微妙、十分复杂。人的言论行动都与一定的心理有联系。

心理世界的活动来源于外部世界，丰富多彩的内心世界反映着色彩斑斓的外部世界。人的心理不是天生的，它和外部世界有着紧密的联系。一个人只有多和周围的人打交道，心理活动才会更加丰富，对外部世界的认识才会更加全面。外部世界是心理活动的源泉，心理是外部世界的反映。良好的心理素质是21世纪人才必备的素质。服务人员的心理素质要在社会生活中锻炼。许多成功者往往都具有一些共同的心理特点，如性格好，有积极乐观的情绪和生活态度，人际关系和谐，有坚强的意志和开拓进取精神等。

良好心理的培育，一是加强学习；二是善于思考，就是一边学一边想；三是注重实践，实践就是行动。在实践中学会正确认识自己，提高与他人交往的能力，优化自己的性格，陶冶高尚情操，锻炼坚强意志，增强自尊心和自信心，培养战胜困难和积极对付挫折的勇气与本领。

1. 心态

人们在同周围环境相互作用中，对所发生的结果，在心理状态上总是会有种种反应，比如成功地接待宾客，解决了他的困难，或获得了优异的成绩、良好的同事关系等，会使你欢乐舒心；工作中的失误、使宾客不满意或造成损失，同事关系紧张、交友受挫、事业失败、饥饿寒冷等，会使人烦躁、苦闷、忧伤。人的心理状态，产生在人的各种活动之中，这就要求每个服务人员在接待服务工作中无论遇到什么情况，都要保持良好的心态。要善于调节自己的心态，排遣忧郁；同事间要心怀坦荡、心理相容，才能协调一致。

我们生活的环境中没有十全十美的人和事，领导和被领导之间、服务和被服务之间、同事和同事之间总会发生不尽如人意的事。遇到不和谐的情况，要善于调解。对看不惯、不顺心的人和事，要展开善意的疏导。对宾客的批评要认真地听取，努力去改正。保持良好的心态，要能克制、容忍、体谅，不要斤斤计较。与人交往要心胸开阔、坦诚，不要自卑和过分自责，要善于发现自己的不足，调整行为方式、方法，使自己处于良好的心理状态。

服务人员在日常的服务工作中，应保持以下的健康心态：

（1）不卑不亢。不卑不亢是一种心态，同时也是做人的原则。就是不高傲、不卑屈，对人的态度和语言要有分寸。每个从事接待服务的工作者都是代表着国家、地区或企业向宾客提供服务，不论是对外国客人，还是国内宾客，都应礼貌相待，一视同仁。要尊重宾客、尊重同事、尊重领导、尊重你周围的人；要使用敬语，谈吐文雅。尊重从来都是相互的，因此在向宾客提供服务的同时，要讲人格、讲国格。在宾客面前要彬彬有礼，但不能妄自菲薄、不能自卑、不能低三下四、不能见利忘义；不能在外国人面前丧失气节，要维护民族尊严，但也不能夜郎自大、盛气凌人，要发扬中华民族热情好客的传统美德，保持“礼仪之邦”的民族形象。

（2）落落大方。落落大方就是豁达、坦荡、见识广博，不吝啬、不拘束、不俗气。这就要求我们举止自然、潇洒，知识面广，懂得大道理，在各种不同的环境里，不感到拘束，礼貌有序地应付各种不同的情况。

2. 气质

气质是指人的相对稳定的个性特点，是高级神经活动在人的行动上的表现，是一种依附在个体身上的、典型的、稳定的心理特征。这种心理特征在日常生活中往往会通过人与人之间的互相交往而显露出来。如情绪表露的强弱，动作的灵敏或迟钝，言语节奏的快慢等。对此我们经常的评论有：言语直率、好打抱不平；性情内向，感情含而不露；多愁善感，易神经过敏；为人清高，工作细致等。

（1）气质的类型及特征。按照人们的高级神经活动系统类型的差异，可以把气质分为四种类型，即胆汁质型、多血质型、黏液质型和抑郁质型。

胆汁质型（不可抑制型）。属于战斗型，其心理活动特征是：反应迅速；行动敏捷，但准确性差；情感丰富，热情洋溢；意志坚强，但常蛮干、鲁莽；性情暴躁，好激动、爱发火，易于冲动，自制力差，性格外向，感情外露；遇事好发牢骚。

多血质型（活泼型）。属于敏捷好动型，其心理活动特征是：活泼好动，善于交际；兴趣广泛，但不持久；思维敏捷，精力充沛，善于适应环境变化；应急性强，感情易外露，但体验不深；有时毛手毛脚，一般话多事多，处世圆滑，性格外向。

黏液质型（安静型）。属于缄默沉静型，其心理活动特征是：行动缓慢而沉着稳定，态度持重，交际适度，感情不易外露，不易激动，性格内向，恪守制度，因循守旧，灵活性差；反应迟缓，但深思熟虑；言语不多，喜欢独立思考，能忍辱负重，办事不紧不慢。

抑郁质型（弱型）。属于呆板羞涩型，其心理活动特征是：性情温和，自制力强，动作迟缓，慢性子，蔫脾气，说话细声细语，办事小心谨慎，常常是前思后虑，不愿交谈，疑虑过多，不耐挫折，性格内倾，有些孤僻，优柔寡断。

上述几种类型具体到每个人时，绝对相符的很少。在实际生活中，每个人的气质表现都是以一种类型为主，兼有其他类型的特点。

（2）对服务人员的气质要求。气质是与服务表现密切相关的个性心理特征。虽然气质本身并无好坏之分，但确有积极的一面和消极的一面。要使每个服务人员懂得，在服务过程中，应有意识地控制自己，扬己所长，补己所短，以谦让和气、大方自然的服务表现，热情地为宾客服务。根据服务工作的实际需要，对服务人员的气质要求有：

第一，感受性。这是指外部的刺激达到何种强度，才能引起人的反应。如果服务人员的感受性太高，稍有刺激就引起心理反应，势必形成精力分散，注意力不集中，从而影响服务表现和劳动效率，导致精神疲劳和不必要的烦恼。如果服务人员的感受性太低，对周围现象熟视无睹，目空一切，又会怠慢宾客，发生店、客之间的矛盾和冲突。所以，感受性一定要适度，不要过高和过低。

第二，灵敏性。这是指心理反应的速度和动作的敏捷程度。为保证服务人员处在热情饱满的工作状态，对其灵敏性就要有一个界限要求。如果过于灵敏，会给宾客产生不稳重或过急的感觉，服务人员本身也会感到疲劳和激动。正常的灵敏性应符合“接一、问二、招呼三”的要求，并能根据客流情况，随时调节自己的动作。

第三，忍耐性。这是指服务人员在不同的人际环境中，遇到各种刺激时的心理承受能力。在日常服务过程中，服务人员所从事的实际上是一种妥善处理供、需矛盾，正确调整店、客利益的工作。因此，时常面临着各种复杂的局面和心理的冲突。在这种情况下，服务人员应具有克服巨大心理负担的本领，要善于克制自己的情绪，能控制住自己的情绪波动，能做到逢喜事而不骄，遇挫折而不忧。要会“得理让三分”，要有一定的忍让精神，这也是行为高尚的表现。

第四，可塑性。这是指服务人员对服务环境中出现的各种情况及其变化的适应程度。由于服务工作没有固定的模式，总是因人而异、因事而异的，因此，服务人员应有较强的可塑性、环境适应性和一定的应变能力，才能符合职业特点的需要，干起工作才能得心应手，井井有条。尤其是在接待安排不同宾客时，服务人员应处事稳妥、头脑灵活，有善于“量体裁衣”、“到什么山唱什么歌”的本领，才能恰到好处地为宾客服务。

（3）良好气质的日常培养。虽然气质本身并无好坏之分，但每个人的气质表现确有积极的一面和消极的一面，对每个人都产生不同的影响。要根据自身的情况和服务工作的需要，在日常工作、生活中有意识地控制自己。注意从勿傲、勿暴、勿急、宜和、宜静等方面入手：

第一，灵活。心理反应的速度和动作要快。在为宾客服务中往往会遇到一些意想不到的问题和困难。要善于随机应变，想方设法为宾客解决问题，办事利落敏捷，不呆板、不拘泥，手脚灵活，头脑灵活，灵活运用各种方法处理解决所发生的各种事宜，尽力使宾客得到满意。

第二，沉着。在十分困难的情况下或在危急关头，能镇定自若，头脑清晰，能控制自己的情绪波动，不慌不忙，采取断然行动，果断处置所发生的各种事情，能沉得住气，保持镇静，千万不要轻举妄动，更要防止忙中出错。

3. 性格

性格是表现在一个人的态度和行为中比较稳定的心理特点，是指人在对现实的态度和行为方式方面所表现的行为习惯和方式。如一个人在待人处世中，总是表现热情爽快，勇敢坚强，足智多谋，乐于助人，见义勇为，而不是一两次的偶然表现，这些特征就显示了这个人的性格。良好的性格能使人热爱生活，朝气蓬勃。

(1) 性格的类型及特征。性格一般分为外向型和内向型。

外向型性格的特征是心直口快，感情比较外露，喜怒常形于色；开朗活泼，思想活跃，关注外界事物，渴望兴奋的事；乐观、好动，善于与人交往，处事果断；积极主动，有组织领导能力，人际关系较好，但易急躁，自我克制能力较差。

内向型性格的特征是沉着、冷静、稳重、遇事谨慎、深思熟虑、优柔寡断，喜怒不形于色，工作认真，责任心强，兴趣专一；但主观能动性不够，交际能力差，常处于被动状态，不大胜任领导工作，独立性差，易接受别人暗示，听从别人的安排。

(2) 对服务人员性格的要求。性格在服务人员的个性心理活动中起着核心作用，它是一个人区别于其他人的最显著的标志。在日常的服务工作和生活中，每个服务人员都应以自己独特的处世原则为尺度，来观察事物，权衡利益，指导自己的言论和行为，并决定他们对人、对事的态度。一般要求是：

第一，坚强。表现为对自己的行为有明确的目标，有自觉控制自己行为的自制力和纪律，做事有恒心、有毅力，能坚持不懈地把它做好，不稀里糊涂过日子。

第二，温柔开朗。服务人员的主要工作是为宾客服务，心地要温柔，必须关心他人，体贴他人，专心致志地做好服务工作，要依靠进取心去适应环境；身处逆境，不埋怨、不气馁，先承认它、接受它，然后再设法去解决它；遇事能想得开，开朗明快，胸怀大度。

(3) 性格的培养和塑造。性格是在社会实践中逐渐形成、发展和变化的。“江山易改，秉性难移”是流传的一句古话，它把性格说成是一成不变的，是有点太绝对化了。事实上，人的性格是可以培养和塑造的。服务人员应根据职业的需要，培养适合服务工作要求的良好性格。

第一，加强自我教育。运用自身的力量，约束和克服自己的性格弱点，要有意识地想一想自己的言行是否符合宾客的意愿，是否有损于招待所的声誉，从而自觉调整自己的行为，努力改掉不良的性格特征。

第二，扬长避短。性格有优劣之分，就是要在发挥性格优势的同时，注意克服性格弱点。要正视自己的性格弱点，认真反省检查自己。比如，与开朗相反的抑郁、与勇敢相反的怯懦、与合群相反的孤僻、与坚韧相反的脆弱等，要勇敢地承认自己的性格弱点，才能克服它、改变它。

第三，学习别人的长处，诚心接受他人帮助。人是社会组成的基础，每个人都生活在一定人群之中，因此，人际环境对自身性格的形成有重要的影响作用，要以人之长补己之短，虚心地倾听他人意见和诚恳的帮助，使自己尽快地塑造良好的性格。把自己置身于集体的监督之中。人的性格会从其对集体的态度中表现出来，个人性格的弱点往往也会在集体生活中表现出来，所以，性格的培养和塑造也就离不开集体，而且需要在集体生活中汲取思想营养，获得精神动力，接受监督和帮助。这不仅对每个人的性格形成和发展起着潜移默化的影响，而且常常把我们从性格弱点的羁绊中拉出来。性格良好的人，绝不是那些远离集体的人，更不是害怕集体力量的人，他们自觉置身于集体监督之中，积极参加集体活动，遵守集体纪律，维护集体荣誉，利用集体教育的力量培养自己优良的性格。

（三）业务素质

员工的业务素质包括知识和服务技能两个方面。

1. 知识

知识是人们在改造世界的实践中获得的认识和经验的总和。服务人员要通过刻苦的学习，继承和掌握已有的知识，还要在实践工作中丰富和发展，新形势下创新和发展新知识，形成新经验。招待所服务人员需要掌握如下知识：

（1）文化水平。三星级以下招待所一般要求高中（职高）毕业或同等学力。三星级以上招待所要求大专以上或同等学力。最好是经过旅游专科学校的专门学习和培训。

（2）语言知识。人与人之间的一切联系交往都得借助语言这一工具来实现。在服务中要学会说普通话，懂地方方言，还要掌握一两门外语，至少要会英语，并达到旅游局规定的水平。语言要美，说话要和气、文雅、谦逊。

（3）礼仪知识。应懂得在社会交往中的礼仪，尤其是在不同场合对不同客人应有的礼节、礼貌。我国是“文明古国、礼仪之邦”，讲礼仪是中华民族的优良传统，是社会文明的一种体现。

（4）心理知识。要能够掌握宾客的心理活动规律和需求，会用心理学的方法去观察分析宾客的心理，以便有针对性地提供服务。

（5）民俗知识。要了解各地风土人情、风俗习惯，以满足不同民族不同宾客的需求。

（6）生活知识。要懂得掌握一般生理、卫生、食品卫生知识，以及生活用品的使用、维护的方法。

（7）安全保卫知识。“没有安全就没有旅游事业”，要懂得招待所安全管理的主要任务、安全管理的责任和确保安全的必要措施，掌握应急处理和补救的办法。学会急救的一般常识和操作方法。

（8）法律知识。应懂得一般的法律常识，如旅游法、旅馆法等，并能依法办事。

（9）旅游知识。了解掌握本地区的旅游历史、地理名胜古迹及其观赏价值、交通情况等。

2. 服务技能

服务技能是招待所员工为宾客服务时所体现的加工制作技巧和服务接待技艺。服务人员要掌握良好的服务技能，需有丰富的专业知识和娴熟的操作技术，并能针对不同的服务时间、场合、对象，按具体情况灵活、恰当地运用，以取得最佳服务效果。

招待所有很多服务项目和部门，为了满足宾客的需求，需要有掌握不同技能的人来为宾客服务。饭店服务技能一般分为初级技能和熟练技能。

（1）初级技能。指完成工作的初级水平，又指人在某种活动中的技巧。我们走上服务工作岗位之前，一般都经过一定的专业学习，掌握了一定的服务知识，知道了某项工作怎样去做，而且也掌握了一般工作程序，但与熟练技能相比差距还很大。掌握熟练技能的客房服务员（有的称卫生员）能打扫 12~14 个房间而初级技能的只能打扫 8~10 个房间，而且在质量上有很大差别。熟中生巧，功夫不负有心人。各种比赛的冠军获得者绝非一日之功。所以，我们不能满足已掌握了知识，懂得怎么个做法，也能完成各项事情等，这个标准太低。要由初级转化为熟练，掌握复杂的服务技能。

（2）熟练技能。人在从事社会劳动获得知识之后，无论是简单和复杂的活动都表现出完成某种事情的初级技能。在这个基础上要有意识地掌握熟练技能，较好、较快地完成工作过程。

1）由于熟练技能的形成，可大大缩减完成工作的时间。如初学打字一分钟打 100 个字，而熟练后能打 500 个或更多的字。

2）消除了多余的动作，动作的紧张程度能适应活动的需要，不会丢三落四和重复无效的动作，很多动作是一次到位、一次成功。过分紧张的动作和附带的动作都已消失。

3）个别独立的动作，结合为统一动作，简化了某些动作。

熟练的技能不可能一下子就养成，必须有较长时间的训练，要取得某些熟练技能，没有艰苦的训练是不行的。

熟练是在练习中形成的。练习的目的是使动作更加完善。我们每个人所担负的工作，哪方面达不到标准要求，就要抽出时间，自己分配一点时间来练。有志者，事竟成。不能有“当一天和尚撞一天钟”的无所作为的错误想法。人就是要有那么一点精神，有点志气，不怕任何困难。其养成的方法是：

1）自学能力的培养和训练。就是要通过自己独立学习而获得知识和本领，要有信心和坚强的意志，有勤奋的精神，养成独立思考、独立分析的习惯，能独立解决问题，迅速获得新知识，掌握各种熟练的新技能。

2）实际操作。熟练的技能必须是在实际操作中形成，没有实际操作就无法转化为物质力量，要养成边动手、边思考的习惯，使技能达到纯熟的地步。

3）多向别人请教，不懂的就要学、要问，向老服务人员学习，向技术标兵、技术能手学习。要迅速掌握过硬的基本技能，扩大知识面；要认真地钻研业务，不断地发展创新，使熟练技能向更高层次发展，提高工作效率。为宾客服务得更好。

4）增强服务意识，掌握服务技能。服务意识是招待所员工素质的标志；是招待所软件建设的关键。技能是进行劳动和服务的基本本领。服务意识与技能是紧密联系在一起的，是不可分割的。有了好的服务意识就必须掌握熟练的服务技能，不掌握一定的服务技能，再好的服务意识也只能是一句空话。

服务意识是招待所员工一进入工作状态，便能自然产生的一种强烈的为宾客提供优质服务的欲望和情感，并把这种欲望和情感通过热情、友好、周到、细致的服务，使宾客得到一种无法用语言表达的满足。

招待所的经营状况如何，取决于饭店的整体素质，其中起决定作用的是人的素质，是人的服务意识，而员工的素质、服务意识的提高主要靠教育来完成。教育培训要针对员工的不同特点进行，要对员工大力倡导敬业爱岗的精神。员工的敬业精神是饭店服务意识强弱的内在力量。要使员工明确自身的主人翁地位，特别是在法律地位上的主人翁意识。要激励广大员工增强主人翁责任感，更加热爱自己的岗位，踏踏实实地干事业。要狠抓职业道德的教育。职业道德是服务意识提高的前提，培养良好的职业道德，才能使员工的服务意识得到稳固和发展。增强服务意识，是提高服务质量的重要前提，是创一流服务，建设文明饭店的精神支柱。要经常对员工进行服务质量重要性的教育，使每个员工牢牢树立起“服务质量是招待所生命”的观念，同时要加强招待所的经营管理，确保饭店服务质量稳步提高。

技能是良好服务意识的基础。一个招待所服务人员的意识产生于对这项工作的认识和兴趣，在心理上愿意主动地向宾客提供优质、良好的服务。但光有做好服务工作的愿望，没有做好服务工作的技能，那再好的愿望也达不到为宾客服务好的目的。只有具备良好的服务意识和掌握一定的服务技能，才能为宾客提供优质服务，才能为旅游事业的发展做出贡献。

第八章

服务艺术

服务态度

（一）服务态度概说

服务态度是招待所服务人员在对宾客服务中所体现出来的主观意向和心理状态。服务态度的好坏是由服务人员的主动性、创造性、积极性、责任感等决定的。服务态度是招待所业无形产品质量的关键。因此，服务人员应具有“宾客至上”的服务意识，应能自觉、主动、热情、耐心、周到、细致地为宾客服务。

(1) 什么是态度。人们在不同的社会条件下，生活、经历各不相同，对事物的态度也不相同。态度是一种复杂的心理现象，是人的言行举止所表现的神态，是对人对事物的看法。人们相互之间的态度，影响彼此的关系和交往。

态度是在后天环境中学习得来的，是针对某一对象或状态而产生的，因此，具有主体和客体的相对关系。它具有认识的成分、好恶的情感成分和行为的成分，它无法直接观察，只能从当事人的言行中去推断、评价。

由于外界的条件是不断发生变化的，人的认识水平和能力也是不断发展的，因此，态度的转变也是常常发生的。

态度有正确与错误之分，对错误的态度要及时帮助和扭转。抓好态度的转变，主要是把握晓之以理、动之以情、导之以行、持之以恒等方式、方法。

人们的态度是多方面的，根据态度对象的不同，可将人的态度分为具体事物态度、人际关系态度、政治态度、思想态度等。

(2) 服务态度。服务态度是招待所宾客提出最多的问题，是衡量招待所服务质量的关键。服务和态度是两种概念，分别表现为服务人员按规定的标准、规格向宾客提供的服务内容和服务人员在服务中所表现的神态、举止。服务内容是实质性的，供宾客享受的，它包括服务人员所具有的丰富的业务知识和娴熟的技能。良好的态度使宾客在感官上、精神上感到亲切。它通过礼节、礼仪做媒介，通过面部表情、语言和神态来表达。

(3) 服务态度的特点。服务态度是在“服务行业”这个特定的环境里产生的，具有浓厚的职业色彩。服务态度不是天生就有的，而是服务人员在服务环境中逐步形成的。

服务态度是针对服务对象和服务工作的状况而产生的。因此，具有主体（服务人员）和客体（宾客、服务工作）的相对关系。如果失去客体，服务态度就无法展示和流露。所以，平时我们所说的对宾客的态度，对服务工作的态度，都具有一定指向性，是针对某一客体的具体态度。

服务态度是可以改变的。服务人员经过必要的教育、培训和学习以及政治、经济因素的制约，其服务态度是完全可以改变的。

服务态度受情感的影响而波动，有些同志心情不好或遇到不愉快的情况，往往出现消沉、冷漠、懒散和应付的工作态度，这是我们每个人都应忌讳的，只要上岗，就要树立良好的形象，热情接待每位宾客。

交往是双方相互进行的，但观察、体验和评价服务态度是单方面在宾客中进行的，只有通过宾客的感受和服务工作的现状，才能看出服务态度的优劣。因为宾客是服务态度的直接感受者，各种服务态度都会在宾客面前表现出来。宾客从服务人员的言行中，就可以得出服务态度好与坏的评价。

（二）培养文明的服务态度

服务人员的一言一行都反映着社会的文明程度。它代表着一个国家、一个地区、一个单位的社会风气。因此，端正服务态度，摆正与宾客的关系，是服务人员能否做好服务工作的先决条件。

宾客至上、服务至上，是招待所搞好经营的法宝。服务态度的好坏则是招待所经营的命脉。每个接待服务人员都要树立“宾客至上”的思想，自始至终应“满面春风迎宾客，文明礼貌笑先行”。

服务人员在各种形式的服务工作中，要时刻注意态度和蔼、亲切、文明。它可使宾客感到受尊敬和欢迎。

1. 文明服务态度的表现

(1) 在服务工作中精神饱满，热情接待每位宾客。宾客进入招待所后，特别注意接待服务人员的精神面貌。接待服务人员的服装要统一整洁，容貌要美观大方，要满面春风微笑，竭诚周到款待。以使宾客感到心情舒畅，增强信赖感，可以放心地在这里住下，不会被吓跑。

(2) 在服务工作中，和颜悦色，潇洒谦谨，能和各种类型的宾客融洽相处并富有同情心。当工作繁忙时，宾客向你打招呼，你不能因手里有活而不理睬宾客，而应先点头示意，然后抓紧时间为其服务。要特别注意先后次序，这样才能使宾客满意。

（3）在服务工作中，由于条件和职责范围限制不能满足宾客要求时，要耐心向宾客说清楚，并告诉宾客什么地方、什么部门能够解决，不能简单回绝或置之不理。

（4）在服务工作中出了差错，我们要主动承担责任，向宾客表示歉意，并设法弥补，事后要主动征求意见。

（5）在服务工作中，如遇个别宾客无理取闹或是醉酒时，要保持冷静，不与其争辩，设法引领宾客到适当地方休息或设法缓解其情绪，并要及时报告领导，请示解决办法，绝不能当场顶撞宾客，不能对吵，更不能动手打架。

2. 如何对待宾客的批评

（1）宾客有批评意见时，首先应真诚地表示欢迎，立即请宾客坐下（无座位的场合，应把宾客请到办公室或咖啡厅等地），这样可以缓解情绪。然后再请宾客尽量诉说，千万不要打断宾客的话，让宾客把话说完，要保持镇静，不能激动。当矛盾直接涉及本人时，更要保持冷静，切忌当面与宾客争辩。

（2）勇于承认错误，不推卸责任。当宾客所提批评意见基本正确时，应诚恳虚心地接受，并应表示立即改正。

（3）回答问题应放在最后时刻，注意语气的选择，强调共同点，避开分歧点，在条件许可的范围内，运用智慧解决问题。

（三）正确处理服务与被服务的关系

服务是招待所业中的最重要因素，体现人与人之间的一定的社会关系。在社会主义社会里，人与人之间要建立和发展平等、团结、友爱、互助的社会主义新型关系：人人都是服务对象，人人都为他人服务。

服务人员与宾客的关系是通过“服务”和“服务态度”把二者联系起来的。在这一关系中，服务人员处于主动地位，宾客是被动的。服务人员既要向宾客提供实质性的服务，又要使宾客在接受服务的过程中对良好的服务态度感到满意。

服务人员要运用自己的服务技巧和服务态度让宾客了解自己、理解自己，进而谅解自己，能使宾客有亲切感、信任感、安全感。服务人员在服务过程中，要把握处理好如下几种关系：

（1）友善而非亲密。服务人员与宾客应有多方面的友谊，而且要合作，但是不能有任何的亲密。与宾客的关系要有一定的分寸，可以与宾客友好相视，谈论服务方面的公事。不可把友谊和亲密友情流露混在一起。不可与宾客谈自己的私事和店方的纠纷等。

（2）服务而非雇佣。宾客欣赏服务人员饱满的精神风貌，娴熟的专业技能，喜欢服务人员端庄的仪表，大方的举止，轻柔的语言，妥帖的服饰，而不喜欢过分的殷勤和过分烦琐的关注。服务人员是招待所向宾客提供服务的执行者，而不是宾客雇佣的仆人，要按规定的服务项目和标准，适时地提供优质的服务，而不提供雇佣、歧视、粗野和越轨形式的服务。

（3）礼貌而非卑躬。礼貌是人际交往时互相表示尊重或友好。在服务中，宾客要求得到尊重，体会到异国他乡服务人员的友好态度，而不是看到服务人员低三下四，卑躬屈膝。服务人员的礼貌服务，显示出自己的人格，是心灵美的外化，也是礼仪之邦古老传统文化的美德。

（4）助人而非索取。体谅到宾客视旅途为畏途的心理，服务人员要主动热情地帮助宾客，替他们排忧解难，尤其要为老弱病残宾客提供特殊服务，这是服务人员的天职。但是，不可因提供服务而取得小费，更不允许索取，不可为小利而影响饭店的信誉和国家的声誉。

（5）重点关照而非谄媚拍马。对重要宾客给予特殊的关照，这是服务人员为招待所办的事情，是必要的。但是，在服务时不要过分，不要显出虚假，因为这样做会使宾客难为情，甚至不知所措。要按标准、原则办事，注意灵活性和以礼相待，才能真正给予关照。从总体上讲，“宾客至上”，“客人总是对的”，“客人是上帝”，“客人是旅游业的衣食父母，没有客人也就没有旅游业的发展。”要采取宾客乐于接受的服务方式，尽力满足宾客需求，提供最佳服务，使宾客了解、理解、谅解、亲善我们。

（四）最佳服务态度的标准要求

服务态度是服务行业各级领导和全体员工要抓的大事，是周而复始的、不能间断的管理工作。最佳服务态度的标准要求是热情、主动、周到、耐心。

1. 热情

热情是一种较高级的情感形态，是对某项事物的肯定，是稳固而深厚的感情反应形式。是对自己职业有肯定性的认识，对宾客的心理有深刻的理解，是发自内心的满腔热情。

热情的特征：

宾客来时热情欢迎，视为亲人；

宾客住后热情服务，提供方便；

宾客走时热情欢送，欢迎再来。

使宾客能感受到亲切、温暖，真正有真挚情感。

具体做法：

礼貌待客，笑容满面；态度和蔼，不急不悼。

语言甜润，亲切友好；温馨恭敬，诚恳关照。

精神饱满，潇洒大方；体贴入微，亲如一家。

2. 主动

主动是不靠外力推动的自觉行为。主动是适应宾客心理要求而采取的有效措施，为了适应宾客的各种要求，从各方面为宾客提供方便，服务人员要充分发挥自己的主观能动性，善于揣摩每位宾客的心理活动规律，判断掌握不同宾客不同需求，把服务工作做在客人提出之前。以周到细致争取主动。

主动的标准：

想宾客之所想；

急宾客之所急；

帮宾客之所需。

具体做法：

细心观察，准确判断；随时询问，了解需求。

手勤脚勤，速度高效；不怕麻烦，不怕困难。

各项服务，妥帖完善；自觉灵活，事事在先。

3. 周到

周到就是把各项服务工作做得完善妥帖，不疏忽无遗漏。周到的服务在服务的项目和内容上是实际性的，是宾客能够直接享受的待遇，要面面俱到，不能丢三落四。以严格的标准全方位地提供服务。

周到的标准：

掌握对应服务的各项服务标准；

熟悉各宾客的具体需求和心理特点；

采取有准备有针对性的有效措施。

具体做法：

想在前面，安排细致；服务有序，有条不紊。

项项落实，优质高效；照顾周全，达到标准。

日复一日，年复一年；持之以恒，服务一流。

4. 耐心

耐心来源于意志上的耐力，而耐心力又来源于高尚的职业道德。热情、主动、周到的服务在短时间内是可以做到的，要想长期地坚持，就要有持久的耐心。用稳健的耐心应对每位宾客。

耐心的标准：

态度诚恳细致。

有高尚的职业道德，对工作认真负责。

在意志上有耐力，表里如一、真诚奉献、埋头苦干。

具体做法：

遇事不急，安排不乱；客多事杂，机灵果断。

百问不烦，百答不厌；含辛茹苦，任劳任怨。

实心诚意，持久耐力；全力投入，待客始终。

礼貌服务

（一）礼貌服务的基本要求

礼貌是人们在与他人交往中互相表示尊重、友好、和谐相处意念的行为规范。它偏重于语言、行动。

我国是有 5000 多年文化的礼仪之邦，有悠久的好客传统，“童叟无欺”、“礼貌待客”是我国固有的商业道德。礼貌服务是出于对宾客的尊重和友好，在服务中注意礼节、礼仪，讲究仪表、举止、语言，是热情、周到服务的外在表现，是宾客在精神上感受到的服务。

礼貌服务的基本要求是：

（1）遵守公德。公德是公民为了维护整个社会生活的正常秩序而共同遵循的最起码的公共生活准则。包括爱护公物、遵守公共秩序、救死扶伤、见义勇为等。

（2）真诚友善。服务人员在与宾客交往时应心存善意、以诚待人。在对别人尊重和有礼的同时，自己也能够得到别人的信任和尊重。

（3）谦虚随和。就是要虚心、不自以为是，不以自我为中心，能够顺应宾客的意见，具有亲和力，使宾客感到容易接近。

（4）理解宽容。能够站在宾客的角度考虑问题，体谅宾客的难处，能够对宾客的喜、怒、哀、乐心领神会。宽宏大量，原谅宾客的过失，能宽容人。

（5）热情有度。热情的人在与人的交往中通常具有较高的亲和力，使人愿意接近，这是服务人员应该具有的性格，但是，有时过度的、不恰当的热情也会使宾客不自在或感到不真诚。因此，要把握好热情的分寸，做到热情有度，让宾客感到对他的欢迎是诚心诚意的。

（6）互尊互帮。在任何场合，尊重都是相互的，你尊重别人，别人自然会尊重你；你不尊重别人，你也就不会被尊重。我们应从自身做起，在尊重宾客的同时，也会得到宾客的尊重。互帮就是要互相帮助。无论宾客还是同事，遇到了困难，都应尽力帮助他们，都应有助人为乐的精神，要努力创造一种“我为人人，人人为我”的良好气氛。

（7）言必有信。“言必信、行必果”是对自身价值的肯定，也是对自身人格的尊重和珍惜。在交往中，要彼此信任和尊重，不说谎话。许诺的事一定要办到，办不到不仅损害自己的声誉，也损害招待所的声誉。绝不做言而无信、哗众取宠、只为骗人而不顾后果的事。

（8）讲究卫生。讲卫生是形成良好交际环境的重要内容，是社会文明的传统美德和风尚。包括公共场所、家庭、个人的卫生等。

（二）礼节

礼节是人们在日常生活中，特别是在交际场合相互表示尊敬、祝贺、问候、致意、哀悼、慰问以及给予必要的协助和照料的惯用形式。礼节是关于对他人态度的行为规则，是礼貌在语言、行为、仪态等方面的具体表现。礼节是以向他人表示敬意的方式表示出来的，它不仅是一种形式，还是心灵美的一种外化。礼节是礼貌的具体表现，它偏重于仪式。

☞ 1. 一般的礼节动作

礼节动作是指互相施礼时所做的动作。常用的、常见的礼节有：

（1）握手礼。握手礼是人们见面时最常用的礼节，是相互见面和离别时的礼节，它还含有感谢、慰问、祝贺、相互鼓励的表示。握手礼的习俗流行于全世界，是从原始人类摸手衍化而来，表示亲切及手中没有武器的意思。

握手时，距受礼者约一步，上身稍向前倾，两足立正，伸出右手，四指齐并，拇指张开与受礼者握手，握手后随即上下轻轻晃动，礼毕即松开。行握手礼时应注意握手的顺序：

1）握手的先后顺序是：男女之间，男方要等女方伸手后才能握手，如女方不伸手，男方只能点头致意。握手时不能太紧或太久。

2）主人应先向客人伸手，以示欢迎。

3）年幼者要等年长者先伸手。

4）下级要等上级先伸手。

5）男子握手时应先脱下手套。

（2）点头礼。点头礼是同级或平辈间的礼节，在路上行走相遇时，可以在行走中点头示意，不必停留。如在路上遇见上级或长者，应稍点头问好，上级、长者可以在行进中点头答之，或伸手答之。点头礼要自然、随和、顺畅。

（3）鞠躬礼。行鞠躬礼时须脱帽，弯身行礼，以示恭敬。在日本，习惯行60~90度的鞠躬礼。行礼时，要双目注视受礼者，微带笑容，以身体上部向前倾斜15度左右。长者还礼，可以欠身、点头应答。

（4）举手注目礼。举手注目礼，是军警礼节。军人相遇或遇见首长时行举手注目礼：举右手，手指伸直并齐，指尖接触帽檐右侧、手掌微向外，右上臂与肩齐高，双目注视对方，待受礼者答礼后方可将手放下。

还有“合十礼”、“拥抱礼”、“接吻礼”、“吻手礼”等是欧美地区的习俗，遇此礼节，不要慌张，应自然、随和应对。

2. 服务工作中的礼节

（1）问候礼节。主要是指在接待来宾时使用规范化的问候用语。如“您好！欢迎您!”、“路上辛苦了。”、“您有什么事需要我帮忙吗?”、“请多保重”等。

（2）称谓礼节。用恰如其分的称谓来称呼宾客，可称同志、先生、经理、部长、夫人、小姐等。最好能记住客人的姓名，那就更礼貌、亲热。

（3）答应礼节。指与宾客谈话时应对的礼节，必须站立，语气温和耐心，集中精力，双目注视对方，如“是”、“好的”、“明白了”、“麻烦您了”、“不客气”、“请别在意”、“不，一点都不麻烦”、“对不起”、“谢谢”等。

（4）迎送礼节。当宾客乘车抵达或徒步来饭店时，要笑脸相迎，按先主宾后随员，先女宾后男宾的顺序；拉开车门，接过行李，陪同至服务台或电（楼）梯口，对老弱病残宾客要主动搀扶。

楼层服务人员要站在梯口迎候，引宾客入房时，应走在宾客的右前方，距离保持2~3步，打开房门伸手示意，让宾客先进房间，随后上茶水和毛巾。

宾客离店时应主动欢送，帮提行李，送上车，并说“再见”、“欢迎下次再来”、“祝一路顺风”等语。

对重要会议和友好团体，应组织人员列队欢迎或欢送，创造友好热烈气氛，增进感情。

（5）操作礼节。

1）动作要轻。在服务过程中，一切动作都要注意“轻”。走路轻、说话轻、敲门轻、开门轻、轻拿、轻放、不奔跑。

2）动作要稳。在服务过程中，要心中有数，不能慌慌张张、焦急不安。表现要沉着、稳健；送取物品要稳妥、优雅，不丢三落四，不拖泥带水，要干净利落。

3）动作要准。在服务过程中，每办一件事都要准确无误，不能出差错。要特别注意时限性，要严格遵守客人交办的事所约定的时间，切不可延误和失约，因某种原因确实不能按时办到的，应立即向客人说明情况，商讨解决的办法，切忌不能不声不响地让客人久等，误客人的事。

4）保持工作地点的安静，不喧哗、不开玩笑、不哼歌曲。

5）应宾客召唤时亦不要高声回答，距离远时可点头或打手势示意领会意思或到客人面前听清、问清。

6）操作时遇客人要主动打招呼，切忌冷眼相视，不声不响。

☞ 3. 日常交往中的礼节

（1）守时。遵守时间，不能失约，不能按时赴约时，应有礼貌地通知主人。

（2）举止。自然得体，落落大方，端庄稳重，态度和蔼，坐有坐相，站有站相，走有走相。

（3）介绍。到一个新的地方，要做自我介绍，包括单位、姓名、身份和前来的事由。

（4）谈话。谈话时态度要诚恳、自然、大方，语气要和蔼亲切，内容要事先准备好。在交际场合，不要打断别人的发言，与女士谈话要谦让、谨慎，不与之开玩笑。

（5）访友。访友做客应事先联系，对方同意时按时赴约，冒昧登门会使对方不快，到达主人家要先按门铃或轻轻敲门，待主人同意后方可进入。访友要掌握时间，不要太久，一般在 40 分钟左右最好，以不影响主人休息为好。当看到主人面露倦色，谈话高潮一过，要主动告辞。

（6）待客。对于来访的客人，要热情接待，遇突然来访者，要放下手中的事去接待客人。接待客人时不要看表，它往往是变相的逐客令，如自己有急事可诚恳地向客人说明，表示歉意。以茶、咖啡等招待客人，不要问客人喝不喝，那样客人会谢绝。客人告辞时，要礼貌地送到门口。

（7）吸烟。吸烟要有节制，规定不吸烟的场所不吸，到办公室、私人家访友时，可询问一下主人："我可以吸烟吗？"，主人不吸烟，又未请吸烟，则以不吸为好。向客人敬烟时，要将烟盒打开，让客人自取，不要将烟扔给对方。

（8）送礼。赠送礼品应考虑具体情况，选择有民族特色、纪念意义、有艺术价值，为受礼人所喜爱的小艺术品、纪念品等。礼物一般应当面赠送，受礼时应双手接受礼物、以示尊重，并向对方致谢。

（9）探病。探望病人应选择好时机，避开病人休息和医疗时间，可适当赠送鲜花、水果等。谈话和逗留的时间要短，并注意避免谈论对方忌讳的话题。

（10）吊慰。亲友、同事去世，应对其家庭的不幸表示关怀、慰问。前往吊丧时，应表示沉痛和哀悼之情，要穿深色和素雅的服装。

（三）礼仪

礼仪是在较大、较隆重的场合，为表示礼貌和尊重而举行的礼宾仪式。它是在礼遇规格和礼宾次序方面应遵守的礼貌要求。

遇奏中外国歌时，应原地肃立，不能走动。宾主讲话时，服务人员应退至适当位置站立，保持肃静。

招待服务时，都应按先主宾后主人，先女宾后男宾，先主要客人后其他客人的礼仪顺序进行。社交中的一般次序是：

（1）右为大，左为小。

（2）二人同行，右为尊。

（3）三人并行，中为尊。

（4）三人前后行，前者为尊。

（5）进门、上车，应让尊者先行。

（6）上车时，尊者由车右边上，其他人等尊者上车后，再由车后绕到左边上车，坐在尊者的左手位。

（7）车中后排的中间为大位，右边次之，左边再次之，前排最小。

（8）上楼时，尊者、女宾在前。

（9）下楼时，尊者、女宾在后。

（10）在一般情况下，应让女宾先行，坐高位。

涉外招待所服务人员常要配合外事部门，承担某些方面的接待任务，因此，必须了解、熟悉并掌握有关国际礼仪的一些基本常识，才能在工作中以丰富的业务知识、娴熟的操作技能和严谨的工作作风来圆满完成各项接待任务。一般有如下内容：

（1）接待准备。应在外事接待部门的具体指导下做好接待准备。要了解情况，制订掌握接待方案。

（2）迎送宾客。按其身份、地位等因素确立迎送活动的礼仪规格，掌握抵达和离店的时间、陪车等。

（3）会见、会谈的场所布置。包括布置的形式，座位的安排等。

（4）宴请。要了解掌握宴请的规格、形式、宴请的时间、地点、主办单位或主办人姓名等。

（四）礼貌服务用语

语言是人类特有的表达意愿的工具，人与人之间的一切联系交流都得借助语言这一工具才能实现。在旅游服务中，语言是每个接待服务人员完成工作任务不可缺少的手段。良好的语言修养，谈吐文雅，能使宾客闻言三分暖，见面总觉格外亲。宾客自然就愿光顾。如果是出言不逊，语无伦次，就会使顾客望而生畏，闻而寒心，可见语言艺术之重要。

俗话说，言为心声。服务人员的职业特点要求在接待宾客时，语言艺术要纯熟自然，因人而异，切忌卖弄辞藻，说话的时机要掌握准确适度，因情而异，避免自讨没趣。

1. 礼貌服务用语的作用

（1）什么是礼貌服务用语。接待服务人员每天都要和宾客进行语言交流，就是在服务过程中，接待服务人员也要借助一定的词汇与语调表达情感和思想，与宾客进行交流。它是接待服务人员为宾客提供服务或传递服务信息的必要手段。同时，礼貌服务用语是一种规范的、反映一定文明程度而又比较灵活的口头语言。

(2) 礼貌用语的心理作用。“良言一句三冬暖，恶语伤人六月寒”，这生动而形象地说明了语言对人们心理活动所具有的重要影响。

在接待服务过程中的语言、措辞、速度、语调、表情要准确清晰、快慢适度，充满挚情善意，富有感染力和说服力。它可以显示出接待服务人员的知识素养和文明服务水平，又会使宾客形成轻松自如、心情快慰的心理感受。随之就会使宾客产生一种信任感。如果服务人员吐字不清、表意不明、信口开河、夸夸其谈，言语不和谐，不但不能打动宾客，反而使宾客感到疑惑和误解，会刺激宾客，造成矛盾，产生不满，以致会气愤离去。

(3) 语调的作用。礼貌服务用语的语调应是：

1) 柔和、适度而不刺耳；

2) 清晰、准确而不模糊；

3) 纯正、悦耳而不杂乱；

4) 言简、意明而不啰唆。

2. 礼貌服务用语的特点

(1) 以职业词汇为语言主体。服务语言，是一种职业用语，它的语言主体由职业词汇所构成，在接待服务中所使用的语言是反映服务工作特点的敬辞、谦辞等文明用语，随着人们生活水平的提高，服务用语也不断丰富扩大。

(2) 用语时代感强。服务用语具有时代的烙印，反映时代气息，是整个社会文明的体现。要注意讲究语言美，切忌不能用已经过时的庸俗用语，要跟上人类社会发展的步伐。

(3) 声、情、形相互烘托。好的服务用语应是声音、表情、动作的相互烘托、融为一体的。如果只有言语，不以动作表情相配合，“有言无形、有声无色”，那就失去了服务用语的特色。服务人员应以生动的面部表情、动作和声音这些流露在外表的情感去表达对宾客的体贴和关心，从而有效地感染宾客，引发宾客的消费情绪，发挥语言艺术的魅力，在宾客中产生强烈的共鸣。

(4) 要善于与宾客谈话。服务人员要善于与宾客交谈，这是服务过程中不可缺少的，不能只顾干活，一言不发。这种情况在很多人身上存在，一是不敢说话；二是不知道说什么。接待服务工作有一套基本用语，见了客人总要打个招呼，问候问候，介绍情况，征求意见，这些都不能省略，省略了那就是服务人员没有尽到服务的职责，也是一种失职的表现，一定要学会大胆、细心地与宾客打交道。

(5) 服务用语的灵活性。服务用语是一种特殊的口头用语，尽管有一套规范用语，但它终究不能包罗万象，严格地说也没有固定的模式，既可以触景生情，随机应变，又可以灵活运用，应酬千万。宾客来自四面八方，要根据不同的对象，运用不同的语言进行接待服务，防止千篇一律闹出笑话。我们要以自然、亲切、和蔼、流畅、有感染力的灵活多变的服务语言来接待各国、各地的宾客和朋友。

3. 提高语言艺术的途径

（1）以和谐的动作配合服务用语。动作与语言的表达力和感染力之间的关系是极为密切的，优雅得体的动作，不仅能表现文明礼貌的风度，而且会增强服务语言的感染力量。否则就会使丰富生动的语言变成机械、呆板的套话。与言语不协调的动作也会产生副作用，令人反感生厌。配合服务用语的动作：一要明快，指向性明确，动作意向清楚；二要和谐，声调相宜，自然而不做作，轻松而不拘谨，使宾客的听觉和视觉同时得到良好的感受。

（2）以丰富的表情配合服务用语。服务用语配之以不同的表情，就会产生不同的语言艺术效果。要针对宾客的情绪变化，随时调节自己的表情，才能使服务用语产生强大的艺术感染力，以此打动宾客。

与宾客打招呼时：要面带微笑，和颜悦色——宾客的感受是和蔼可亲、令人心暖；若面孔冷淡、表情呆板——宾客的感受是态度傲慢、使人生畏。

与宾客面谈时：要坦率自然、亲切朴素——宾客的感受是和蔼亲切、受到尊重。若局促忸怩、面有难色——宾客的感受会无所适从、疑惑为难。

（3）注重修辞，使服务言语具有“重心”。

1）服务用语要通俗易懂，自然和谐，易为宾客所接受，不能滥用词汇。

2）用规范化语言，注意语法修辞。

3）准确精练，不用倒装句，不用复句，把话说到点子上，使语言有“中心”。说话要有政策、有原则，不该说的话不能在宾客面前说，以免产生不良影响。

（4）尊重宾客，掌握技巧。言语艺术最基本的出发点就是尊重宾客。

1）要研究服务语言的特点，保持言谈中的文雅、和气、谦逊。

2）掌握说话的时机和技巧，发挥语言的魅力作用，要因人而异，因对方的接受习惯而异。标准是对方听起来亲切、自然、顺耳、满意。

3）要尊重自己，才能真正尊重宾客，切不高傲放荡。在尊重宾客的同时，也尊重了自己。

感情化服务

我国是有 5000 多年文化的礼仪之邦，有悠久的好客传统，“童叟无欺”、“礼貌待客”是中国固有的商业道德。向客人提供优质服务，是招待所的立业之本。在激烈的竞争中，招待所在形成自己的独有的风格，创自己的品牌，在细致、周到服务的基础上，加强感情化服务势在必行。

（一）感情化服务的内涵

1. 什么是感情

感情是人对事物的关心、喜爱的心情，是人对外部机制比较强烈的心理活动反应。我们每一个人对事物都有感情表现形式，情感受到环境的影响，有鲜明的多样性。

如，积极——消极，欢乐——苦闷，兴奋——疲劳；轻松——紧张，热情——冷漠，谦虚——傲慢；喜悦——悲伤，爱戴——憎恨，真诚——虚伪。

客人出门在外，离开了温暖的家，所住的招待所就是他临时的家，应使客人真正感到住在招待所能和住在家里一样，招待所的接待服务人员就像家人一样，使他有“宾至如归”的感觉。要用真诚深厚的感情去为他服务，就是要突出一个“情”字。使客人不仅要有物质上的满足，而且要有精神上、感情上的满足。

2. 感情化服务是优质服务的灵魂

感情化服务是人与人在接触中的心灵交流，应该是动之以情，付之以诚，一颗爱心，一生真诚，只有这样才能打动对方。这就要求我们“以情动人”，就是要有同志之情，体贴关怀，心心相印。感情化服务的内涵是理解人、关心人、体贴人、帮助人。

3. 急客人之所急，想客人之所想，做客人之所需，解客人之所难

（二）细致化服务

细致化服务是在平凡的服务中呈现的一种异常色彩，要从揣摩客人的心理出发，从大处着眼，小处着手，想到每一个细致环节、每一件小事，滴水不漏地提供细小服务，一句话、一个动作都是服务工作中最细致的表现，要使客人感到服务人员是实实在在地为他着想，感到受到尊重。

（三）超常化服务

超常化服务就是超出常规的服务。一切标准、规定、规章制度都是为方便客人而制定的，但不可能完善完美，面面俱到，客人在外可能遇到各式各样的情况和困难，不同的客人都会有自己不同的特殊需求，这就要求服务人员在正常的服务过程中表现一些特殊情况，对客人进行有针对性的个别服务，这些服务往往超出常规，不论时间、不论报酬、不代收小费，是心甘情愿地解客之难、解客之忧。超常规服务需要细心观察，发现客人的心理活动状况，要主动地征询问清，把事情做在客人开口之前，消除客人的“羁旅之感”，使客人在这里生活得自由自在，舒坦方便，不受任何拘束。

（四）感情化服务的投入

（1）以诚相待。要诚恳地接待每位宾客，以诚恳质朴、体贴入微送去温暖和微笑，增添客人的信任感。

（2）心灵交流。感情服务是人与人的心灵交流，“心心相印”就是客人心里想到的事，服务人员也想到了。要投入真心，真心为客人着想，真心为客人办事，只要有一颗爱心，就能互相打动对方的心。

（3）全身心地投入。

（五）感情化服务的要求

（1）对所有的宾客持热烈欢迎态度，并当作亲人来接待。

（2）站在客人的立场上想问题、看问题、办事情，把服务工作做到客人的心坎上。

（3）真心做客人的朋友，了解客人，理解客人，体贴客人。

（4）做好针对性服务，客人来自四面八方，生活习惯各不相同，年龄、体质各不相同，这就需要采取灵活的方法，有针对性地具体解决问题，使不同客人都能得到特殊需求的服务。

例如，有病的客人，身体残疾的客人，年迈体弱的客人，情绪低落的客人，爱提意见的客人，挑剔的客人，都要区别对待使他们能够享受到感情上的特殊服务。

个性化服务

招待所的现代化市场竞争已从最初的价格之争上升到较高的质量竞争，最终要达到文化之争。在市场竞争日益激烈的今天，要留住客人，单靠规范和笑脸是远远不够的，更重要的是能给客人实实在在的帮助，也就是说服务更加有内涵。具体来说就是把客人当成朋友，提供的服务不仅满足客人的期望，更应"雪中送炭、锦上添花"，给客人一个意外的惊喜。这种服务是在不违反当地法律和道德法则的前提下，使客人获得满意的惊喜的服务。满意的惊喜的服务是以个性化服务为核心的，个性化的服务即人性化的服务。人性千变万化，用一种标准和规则是无法概括和描述的，因而服务也不能墨守成规，死搬教条，只有灵活机动，打破条条框框，超常规地去想去做，才能使服务超越客人的期望。个性化服务的诀窍就是通过细致的观察和对生活知识的了解，及时准确地把握宾客的心理。有时宾客的需求往往是通过一句话、一个动作、一个眼神表露出来。招待所每一个服务人员都应具备了解宾客的个性特点和采取相应服务对策的能力。

（一）客人的气质特点

气质是每一个人所具有的典型、稳定的个人心理特征，是人的心理活动动力，受个人生理特点的制约，具有先天遗传性。客人的不同气质会通过言行举止表现出来。根据客人的气质表现，通常将客人分为急躁型、活泼型、稳重型和忧郁型四类。

（1）急躁型。急躁型的客人对人热情，感情外露自信，自控力差，容易激动，言语行为直率快捷，不拘小节，容易丢三落四。接待时，应注意避其锋芒，不与他们争论，为他们服务要迅速准确，一次到位，不要计较他们在感情冲动时的不礼貌语言，要待他们冷静后，再与他们好好协商，要适时提醒他们注意安全和不要丢失物品。

（2）活泼型。他们通常活泼好动，喜欢新奇、有刺激性的活动，对人热情大方，爱说爱笑，反应快且理解力强，表情丰富，易激动，但兴趣多变，交友广泛而不深。接待时，注意扬其长避其短，应与之交朋友，满足他们爱交友、爱讲话的特点，但应避免交往过多影响工作，要多征求他们的意见和建议，多予感谢和赞扬以赢取好感与配合。

（3）稳重型。他们安静稳重，喜欢清静的环境，感情很少外露，让人觉得不易接近，实际上比较容易交往，自制力强，对服务不太挑剔，做事说话力求稳妥，有固定的生活规律，不轻易发表见解，一旦发表，就希望得到别人的尊重。接待时注意尊重他们的意思，设法满足他们提出来的合理要求，不可怠慢他们，要耐心接待他们。

（4）忧郁型。他们很少向外人流露自己的真实想法和感情。性情孤僻，不合群，不愿意到热闹的场合，说话做事斯文柔弱，沉默寡言，自尊心极强，敏感，好猜疑，爱因小事而怄气，容易失眠，常用审慎的态度观察别人，以窥测别人对自己的看法和态度。接待时，应多亲近，多关怀体贴，默默地为他们服务而不能过分热情，也不能与他们开玩笑或说无关的事情，要尊重他们的隐私心理，不宜主动询问，遇到需要与之商量的事情必须耐心听取他们的意见。

上述四种类型的客人的气质特点也会因种种因素而变化，在服务时必须因人、因时、因地而宜，要随时观察客人的情绪变化及时周到服务，使服务更有针对性、准确性，以使客人感受到诚意。

（二）客人的性格特点

性格是指人在个体生活中形成的对现实较稳定的态度，以及与之相适应的习惯了的行为方式所表现出来的个性特点。因此，每个人的性格都是有差异的，人的性格可分为：

（1）内向型。内向型性格的人沉静稳重，遇事谨慎，深思熟虑，优柔寡断，喜怒不形于色，反应慢，难以适应环境，好幻想，工作认真，责任心强，兴趣专一，但主观能动性差，交际能力差，常处于被动状态，易受别人的暗示，听从别人的安排，独立性差。在服务时要注意细致引导，耐心等待。

（2）外向型。外向型的人心直口快，感情比较易外露，喜怒常形于色，开朗，活泼，善于交际，思想活跃，关注外部事物，渴望兴奋的事，乐观好动，处事果断，积极主动，人际关系好，能支配、左右自己的行为，但急躁，有时马马虎虎，自我克制能力较差。在服务时要快捷利落，要顺其自然适当与其交流，能听取他们的一些真实想法和意见，可以适时主动征求他们的意见，适当地感谢和赞扬他们往往能起到很好的效果。

（三）个性化服务的区别

个性化服务有别于一般意义上的规范服务：

（1）更为主动的服务。

（2）更为灵活的服务。

（3）用走出常规的方式满足宾客偶然的个别的特殊需求的服务。

（4）更具体、细致的服务。宾客希望享受到轻松的氛围，惬意的回忆，体贴的照顾，要细致入微，投其所好。

（5）更强的情感投入。要真正把宾客当作有血有肉的人，真正从心理服务他们，关心他们。才能使自己的服务更具有人情味，让客人倍感亲切，从中体会到招待所的服务水准。

每一家招待所都有自己的特色、自己的文化，从招待所经管的角度看，招待所的文化含量胜过设施设备的含量，说到底饭店竞争的关键是特色，特色的核心是品牌，品牌的保障是文化，文化的体现是服务。服务呼唤爱心，要特别关心宾客身边的每一件小事，做好每一件小事，就可能给宾客带来方便和惊喜。

微笑服务

当今旅游业发展迅猛，竞争日益激烈，都在争夺旅游市场上的一席之地，争取更多的客源，老总们各自都使出更高的招数，创自己的拳头产品，创自己的名牌、品牌。它涉及每一个部门、每一个领域、每一个项目、每一个工种。打“微笑服务”的品牌，是老总们的共识。谁不抓这个品牌，谁就在市场经济的大潮中站不住脚，失去市场份额，没有一个宾客愿到一个没有笑容、没有热情关怀的招待所住宿。创微笑服务品牌是时代发展的要求，是旅游事业健康发展和竞争的需要。

（一）微笑服务的作用

在服务工作中，微笑有重要的意义。它是人格魅力的体现，会给人带来财富，还会给人与人之间带来和睦的关系。不论在什么时候，微笑应该是发自内心的、诚挚的、友善的。有了这样的微笑，人与人之间的生疏会变得亲密，隔阂会变得融洽。微笑是人与人之间沟通的一把钥匙。

微笑服务是一种美德，是热情待客的表现；笑迎天下客，是旅游服务的宗旨，是与客人相处打交道的基本态度。

微笑服务的作用有：

（1）微笑能把服务人员的友好和关怀有效地传递给宾客，使宾客能迅速地产生第一印象，消除尴尬。

（2）微笑可以消除宾客的陌生感，融洽与宾客的关系，成为增进了解和友谊的桥梁。

（3）微笑可以增强信任感，缩短宾客与服务人员在感情上的距离，易于接近、交谈。

（4）微笑能感染宾客的情绪，创造和谐交往的基础，消除双方的戒心与不安，迅速打破僵局，是化解惊恐和唐突的最佳办法。

（5）微笑是心灵的钥匙，敞开双方的心扉，不仅能给宾客带来精神上的愉快，也能体现出服务人员的道德修养和服务素质。

（6）微笑对人体健康有利，“笑一笑十年少，愁一愁白了头”。要有助人为乐、以苦为乐、自得其乐的思想境界，心平如镜，百病难生。微笑还可以消除肌肉过分紧张的状况。

（二）微笑的表现形式

微笑是接待服务人员在与宾客的交往中神态、举止的面部表情。就是面部略带笑容，轻微的笑，不显著的笑，不出声的笑，表现为亲切、温柔、自然，有舒心的感觉。它反映在心理上的喜悦情绪和状态。它的基本表现形式是：

（1）面部肌肉放松、自然、不紧张。

（2）抿着嘴，两面嘴角轻轻地一收。

（3）无意识地咬牙。这是一位意大利医生声称发现的“蒙娜丽莎微笑的原因”。几百年来，成千上万的人们为意大利文艺复兴时期大画家达·芬奇的作品《蒙娜丽莎》而陶醉，也为画面上的那位贵族妇女的神秘微笑而迷惑，因为一般人很难做出同样的笑容。为了探究这一笑容的起因，人们提出了不少的假设，而最近的也是最简单的假设是由意大利一位叫苏拉诺的医生写出一篇论文中提出的，作为模特的那位“蒙娜丽莎”女士实际上在精神紧张时和睡眠时有咬牙的习惯，而在此时就会形成画面上的神秘微笑。他说，也许这位模特在画画时精神太紧张，从而无意识地咬起牙来。

（4）上下嘴唇呈现出似张不张的状态，呈现一张嘴角似乎上翘的嘴。

（5）眉梢、眼皮、眼角、眼毛似乎有点收紧的感觉，呈现出两只弯弯的月亮般的笑眼。

（三）微笑习惯的培养

微笑，必须是发自内心的笑，不是强笑，也不是苦笑，要经过培养练习，笑得得体自然。微笑是旅游服务人员的一种精神、仪容仪表、内在心理感情的外在体现，也是宾客对接待服务人员形象最直接的印象和评价服务质量最重要的方面。但是，在日常接待工作中，不是所有的服务、管理人员都能随时做到微笑，有的一遇到不顺心的事就板着面孔，拉长脸，对宾客爱答不理，更严重的会与宾客争吵。要真正做到随时都能保持微笑迎客服务，还是要下一番工夫培养和练习。

（1）每个服务人员首先要在心理上保持平衡，要真心实意地热爱旅游服务事业。要真正树立“宾客就是上帝”的信念。来的都是客、都是亲人，他们到了“家”，是招待所的“财神”，必须以礼相待，以诚相待，要发自内心地热情欢迎，微笑服务，绝不能把“财神”气走，要千方百计地留住宾客。

（2）服务人员要养成、练就即使有不顺心的事和烦恼时仍能微笑服务。人在社会生活中，总会遇到不愉快的事，或苦恼、悲伤的事，但只要上岗就不能把这些烦恼、悲伤带到岗位上来，要把这些烦恼悲伤的事放下，能在困难时保持静心的微笑服务。能做到这一点是最可贵的，要实现处处时时对宾客的微笑服务，保持良好的工作情绪和美好的心境。

(3) 微笑需要培养、练习。确有少数服务员笑不起来，也有的不会笑，甚至笑比哭还难看。这就要对着镜子练，按微笑的表现形式和动作慢慢地体验。

(4) 借助于“字音”微笑。有的人笑不出来、笑不好，特别是集体照相，想同时有个笑容，可以借助字音的发音形成一种美好的微笑，使用这种方法都很成功，这就是用“茄子”的发言形成笑容。其发音特点是嘴角抿起后收，发出声音的同时，形成美好的笑容，显得自然、淳朴。这是人们在日常生活中摸索积累起来的，对招待所服务人员很有用处。

(四) 面部表情的忌讳

(1) 忌绷着个脸，表情冷漠。

(2) 忌眼神乏力，无精打采。

(3) 忌双眉紧锁，怒目而视。

(4) 忌嘴唇紧闭，咬牙切齿。

(5) 忌放声大笑，表情失常。

这些都不利于微笑服务的创品牌活动，妨碍旅游服务工作顺利开展，会给宾客带来伤害甚至会断送招待所的回头客和客源。

创微笑服务品牌、名牌要下苦工夫，要天天讲、月月讲，经常培养练习，使每个接待服务人员都能振作精神，以喜悦的心态、微笑的容貌，迎来送往天下客，做微笑服务的大使，创自己的品牌、名牌，使宾客心悦诚服。

微笑是心灵的钥匙，开启宾客的心灵之门。微笑是出国的通行证，融洽与各国人民的关系。微笑最宝贵的内涵是真诚。微笑最微妙之处是会心。

微笑是一种力量：

对周围的人们，报以友善的微笑。

对多彩的生活，报以热情的微笑。

对事业的起伏，报以从容的微笑。

附录一
常用礼貌服务用语

(一) 日常礼貌用语

1. 打招呼用语

要求：说话亲切，礼貌待人，热情招呼，谈吐自然。

(1) 您好!

（2）您早!
（3）早晨好。
（4）请。
（5）请问。
（6）请坐。
（7）请稍等。
（8）请原谅。
（9）请您走好。
（10）请多关照。
（11）请多多指教。
（12）请教一下。
（13）没关系。
（14）对不起。
（15）不要紧。
（16）别客气。
（17）您贵姓?
（18）打扰您了。
（19）谢谢。
（20）晚上好。
（21）晚安。
（22）再见。
（23）欢迎您再来。

2. 称呼用语

要求：笑脸相迎，亲切称谓，落落大方，宾至如归。
（1）同志。
（2）先生。
（3）夫人。
（4）太太。
（5）小姐。
（6）经理。
（7）部长。
（8）局长。
（9）主任。
（10）科长。

3. 征询应答用语

要求：热情有礼，认真负责，恭耳细听，解客之难。

（1）您有什么事情？

（2）我能为您做点什么？

（3）您有别的事吗？

（4）这会打扰您吗？

（5）您需要××吗？

（6）您喜欢××吗？

（7）您能够××吗？

（8）请您讲慢一点。

（9）请您再重复一遍好吗？

（10）好的。

（11）是的。

（12）我明白了。

（13）这是我应该做的。

（14）我马上去办。

（15）不，一点都不麻烦。

（16）非常感谢！

（17）谢谢您的好意。

4. 道歉语

要求：态度诚恳，语言温和，虚心倾听，谋求谅解。

（1）实在对不起。

（2）这是我的过错。

（3）打扰您了。

（4）是我工作马虎了，一定改正。

（5）这完全是我工作上的失误。

（6）真不好意思，让您受累了。

（7）非常抱歉，刚才是我说错了。

（8）刚才的谈话请您能谅解。

（9）是我搞错了，向您道歉。

（10）说话不当，使得您不愉快，请谅解。

（11）这事我也不太清楚，等我问清楚，再告诉您。

（12）您提的意见很好，我们一定采纳改进工作。

(二) 门卫、传达用语

(1) 欢迎您来××饭店。
(2) 先生 (同志) 您有什么事?
(3) 您贵姓? 您的单位?
(4) 请出示您的证件。
(5) 请您登记会客单。
(6) 请到办公室联系。
(7) 请您到贵宾楼总服务台办理手续。
(8) ××先生不在,请您联系好再来好吗?
(9) 我一定给您转达。
(10) 请慢走,再见。

(三) 总服务台服务用语

(1) 欢迎来××饭店。
(2) 请您出示证件。
(3) 请问您住几天?
(4) 请您填写住宿单。
(5) 请交押金××元。
(6) 这是您的住房卡和收据,请收好。
(7) 有贵重物品请存在总服务台保险箱。
(8) 这是您的行李,共三件。
(9) 您有什么事,请与总台联系,我们尽力帮助您解决。
(10) 我来帮您提行李。
(11) 请到南边迎宾楼。
(12) 请上楼。
(13) 请上电梯。

(四) 客房服务用语

(1) 欢迎您到我们楼来。
(2) 让我看一下您的住房卡。
(3) 请这边走。
(4) 先生,这是您的房间。
(5) 这是空调开关,这样调节使用 (示范)。
(6) 您还需要什么?

(7) 有事请打电话到服务台。
(8) 路上辛苦了，请休息。
(9) 好，我马上就去办。
(10) 等我问清楚再告诉您。
(11) 我马上找人把它修好。
(12) 这是您的账单（电话费、酒水、洗衣等），请签单（或请付款）。
(13) 先生，您是不是不舒服，需不需要请医生?
(14) 我陪您去好吗?
(15) 您想吃点什么?
(16) 待一会儿就给您送来。
(17) 先生，这杯子什么时候碎了?
(18) 按规定需赔偿。
(19) 您离开房间时请把钥匙交到服务台。
(20) 我是服务员，现在可以清扫房间吗?
(21) 对不起，洗衣房把您的衣服洗坏了，我们加倍赔偿，您看可以吗?
(22) 您明天离开饭店，还有什么事需要我们帮助吗?
(23) 好，我马上去找，给您送来。
(24) 请您再看看，有无遗漏物品。
(25) 这是您的退房单，请到总服务台结账。
(26) 您有什么意见，欢迎批评指正。
(27) 感谢您的帮助。
(28) 我帮您提行李。
(29) 欢迎您再来，还住我们楼。
(30) 请慢走，再见。

（五）餐厅服务用语

(1) 欢迎您，请问几位?
(2) 请往这边走。
(3) 请跟我来，请坐。
(4) 请稍等，我马上给您安排。
(5) 请您看看菜单。
(6) 现在可以点菜吗?
(7) 对不起，这菜刚卖完，换个××菜您看行吗?
(8) 请品尝一下今天的特色菜好吗?
(9) 您喝点什么酒?

(10) 这个菜加工需要半小时，您能多等一会儿吗?
(11) 现在上菜好吗?
(12) 对不起，请让一让。
(13) 对不起，让您久等了。
(14) 您还需要点什么?
(15) 您吃得满意吗?
(16) 现在可以结账吗?
(17) 您的钱正好。
(18) 共×××元，找您××元，谢谢。
(19) 请您签单好吗?
(20) 欢迎您常来。
(21) 谢谢，请慢走。

(六) 电话总机服务用语

(1) 您好，××。
(2) 请讲慢一点。
(3) 请再说一遍。
(4) 请稍等，不要挂断。
(5) 我给您接到×××。
(6) 现在占线。
(7) 没有人接听。
(8) ××先生不在，您能留下电话号码吗? 回来给您回话。
(9) ××先生，刚才×××先生来电话，请您回电话，号码×××。
(10) 您的长途电话费××元，请在服务台付款。

(七) 娱乐健身等服务用语

(1) 欢迎您，请问几位?
(2) 您需要哪种游艺器械?
(3) 我马上给您安排。
(4) 需要我的帮助吗?
(5) 对不起，这里禁止吸烟。
(6) 您需要点什么 (点心、饮料、水果等)?
(7) 我马上给您送来。
(8) 请到服务台结账。
(9) 请您签单。

(10) 欢迎您常来。
(11) 谢谢，请慢走。

(八) 桑拿浴、美容服务用语

(1) 欢迎您，请到里边来。
(2) 请坐，请稍等。
(3) 我马上给您安排。
(4) 哪位先生（小姐）? 请里边坐。
(5) 温度合适吗?
(6) 这样可以吗?
(7) 您需要什么?
(8) 请您到服务台结账。
(9) 请拿好您的东西。
(10) 欢迎您再来。

(九) 商品部服务用语

(1) 您好，您想买点什么?
(2) 您看这件（套、个、副）怎样?
(3) 您看行吗?
(4) 您还需要别的吗?
(5) 您的钱正好。
(6) 这是找您的钱××元，请收好。
(7) 请稍等，我给您包装好。
(8) 请拿好，慢走。
(9) 谢谢，欢迎您再来。

(十) 导游、司机服务用语

(1) 欢迎您乘坐××招待所车队汽车。
(2) 请上车，慢一点，注意安全。
(3) 请坐好，现在开车可以吗?
(4) 前面拐弯，请坐稳。
(5) 到了××，等车停稳再下。
(6) 请慢点，拿好您的东西。
(7) ××点准时开车，请不要误了车。
(8) 您有什么事，请与我联系。

(9) 请看看左右都到齐了吗?

(10) 有晕车的同志，这里有晕车药，请服用。

(11) 明天去×××，早晨××点开车。

(12) 到了，请拿好自己的东西按顺序下车。

(13) 谢谢大家对我们工作的帮助，请提宝贵意见。

(14) 下次来××欢迎还来××招待所。

(十一) 结账、告别用语

(1) 先生（小姐）这是您的账单，请您过目。

(2) 现在可以给您结账吗?

(3) 您的钱正好。

(4) 这是账单和找您的××元钱，请收好。

(5) 感谢您对我们工作的协助。

(6) 您还有什么事需我们帮助吗?

(7) 请多关照，保持联系。

(8) 欢迎您下次来××，还住××招待所。

(9) 祝您旅途愉快。

(10) 祝您一路平安。

(11) 谢谢，再见。

附录二
服务忌语

(一) 对特别顾客用语及忌讳用语

要求：接待、服务人员要学会说委婉的话，说得合宾客心、顺宾客意、入宾客耳、顺宾客情，不允许话语不当，刺伤宾客。

(1) 对高个宾客应说："魁梧"、"强干"；忌说："太高了"、"不和谐"。

(2) 对矮个宾客应说："小巧"、"干练"；忌说："个矮"、"不够尺寸"。

(3) 对腿脚残疾宾客应说："腿脚不太灵便"；忌说："瘸"、"腿脚不好"。

(4) 对胖宾客应说："富态"；忌说："太胖了"、"没有长短"。

(5) 对瘦宾客应说："精干"、"机灵"；忌说："太瘦了"、"长得细长"。

(6) 对失明宾客应说："眼神不太好"；忌说"瞎子"。

(7) 对聋哑宾客应说："不便言谈的"；忌说："聋子"、"哑巴"。

(8) 对带小孩的母亲说小孩时应说："胖乎乎的"、"真乖"、"水灵"、"机灵"；忌说："瘦"、"小"、"矮"、"讨厌"、"不懂事"。

(二) 两城市、五部委和光明日报社共同提出的50句"服务忌语"

(1) 嘿!
(2) 老头儿。
(3) 大兵。
(4) 土老冒儿。
(5) 老黑。
(6) 你吃饱了撑的呀!
(7) 谁让你不看着点儿。
(8) 嫌车慢，别坐呀!
(9) 问别人去!
(10) 听见没有，长耳朵干嘛使的。
(11) 怕挤呀，打"的"不挤，啰唆什么，赶紧下吧。
(12) 瞧车瞧车，找死呀!
(13) 我就这态度!
(14) 有能耐告去，随便告哪儿都不怕。
(15) 有完没完?
(16) 不买看什么。
(17) 你买得起就快点，买不起就别买。
(18) 到底要不要，想好了没有?
(19) 喊什么，等会儿!
(20) 没看正忙着吗，着什么急?
(21) 交钱，快点。
(22) 我解决不了，愿意找谁找谁去!
(23) 不知道。
(24) 刚才和你说过了，怎么还问?
(25) 靠边点儿。
(26) 没钱找，等着。
(27) 你买的时候怎么不挑好。
(28) 谁卖你的，你找谁去。
(29) 有意见，找经理去。
(30) 到点了，你快点儿。
(31) 价签上都写着呢 (墙上贴着呢)，你不会自己看呀?

(32) 不能换，就这规矩。
(33) 不买就别问。
(34) 你问我，我问谁。
(35) 瞎叫什么，没看见我在吃饭。
(36) 管不着。
(37) 没上班呢，等会儿再说。
(38) 干什么呢，快点。
(39) 我不管，少问我。
(40) 不是告诉你了吗，怎么还不明白？
(41) 没零钱了，自己出去换去。
(42) 挤什么挤。
(43) 要买快说，不买靠边，下一个。
(44) 别啰唆，快点讲。
(45) 现在才说，早干嘛来着？
(46) 越忙越添乱，真烦人。
(47) 怎么不提前准备好？
(48) 我有什么办法，又不是我让它坏的。
(49) 别装糊涂。
(50) 后边等着去！

第九章 服务技能

服务技能是服务人员对服务知识和操作技术掌握的熟练程度。服务技能在很大程度上制约着招待所的服务质量，并影响着宾客对招待所的认知程度。

服务技能是招待所管理服务人员为客人提供服务的基本能力和方法，服务技能的熟练程度、准确程度和优雅程度会给宾客留下深刻的印象，它往往是客人评价招待所服务水平高低和服务质量优劣的标准。

备

备——准备。即事先做好接待服务准备工作，要随时做好服务的准备，等客人到了再准备就来不及了。

（1）心理方面的准备。要有随时为客人服务的心理准备，准备要妥帖完善，临阵不慌，应对自如。

（2）物质上的准备。现代招待所一般都有预订，要按照预订通知单的要求进行准备，把各种物质用品都摆放在一定位置上，既要实用，也要美观，更要方便客人。

迎

迎——迎接。要去迎接客人，懂得迎接客人的程序、方法、礼仪。当客人即将到达，要有等候客人的神态；当客人到达时首先问候，热情地欢迎，再就是提拿行李，扶老携幼。

奉

奉——侍候。是服务时的动作和行为，要有规范。

(1) 托与端。托盘，端茶。姿势稳当、优美。用适当的方法。

(2) 递与放。递物品要方便客人接到。放物品要轻，一次性、准确适当地放在位置上。店徽朝上、向外。

(3) 倒与斟。倒茶、倒咖啡、斟酒等。倒茶姿势要端正，将杯盖用手指挟起或放在桌上，盖内向上，一般倒茶0.8分钟不要溢出。

(4) 分与派。分汤、派菜、分水果。派菜既是艺术性的工作又是技术性很强的工作，派菜时先把花形菜放在桌上给客人观赏后，再撤到边桌上进行分派，派菜要均匀，一般留1/10；分汤，将汤碗放在转盘上，然后再分汤转送给客人；分送水果要消毒洗净，现吃现切。

(5) 推与拉。推门要轻，站在门口旁并用手指向前表示请客人进去；拉椅时也要轻，不要用手平拖，把椅向上稍用一点儿劲，减少摩擦；推车要平衡，防止撞到人。

(6) 接与收。接拿衣物，接收衣物。接衣服时要拿住衣领，切勿倒拿，防止财、物倒出，给客人穿外套时，双手拿住衣领的左右侧，将袖子对准客人伸出来的手。接收递送账单，要用小托盘，接收时要点清，要向客人重复一遍。

(7) 指与示。指路，示意，暗示做手势等。指路要五指并拢，要明确清楚，必要时口头说明。示意、暗示做手势、点头都是在一定场合向客人表示欢迎致意，告别等。动作优雅得体。

(8) 记与写。记住客人交办的事，写菜单等要写席卡等。要有较好的记忆力，不要误事，要记录下来。菜单要写得清楚，点完菜要向客人重复一遍，未听清楚的事请客人再说一遍，千万不能马虎猜测，那样往往会出错。

应

应是服务工作中比较难的，包括应和、应对、应酬、应变等。

(1) 应和。要正确解决客人与招待所之间的矛盾，在处理问题时既要站在客人的立场上，维护客人的利益，同时也要维护招待所的声誉和利益，使双方都能满意，这就要有高超的技巧和多种应和的方法。

（2）应对。就是应付场面，暂时缓解、缓和矛盾，为解决矛盾创造条件，使可能发生的问题得到解决，使客人满意。应付要掌握语言智慧和表达能力，能抓住矛盾点及时调节心理情绪。

（3）应酬。交往中以礼相待的能力，即“待人”与“接物”，待人是服务者与被服务者之间的关系，接物是各种具体的服务工作，就是有能力和客人友好相处，互信互赖，热情亲密。

（4）应变。对客观情况的变化能审时度势，随机应变地及时恰当地处理。一个合格的服务员能善观气色，捉摸客人心理，善于揣摩客人的意图、意愿，想客人所想，急客人所急，将被动局面变成主动，使本来要发生的矛盾化解。

整

整——整理，招待所大多的日常工作就是要进行整理。使其有条理、有秩序、有规范、有标准，如卫生间、餐厅、会场等。整理要有技能、有方法、有作业操作程序，动作要敏捷，方法要得当，要懂规范、懂技术、懂程序，要练好服务的基本功，如做床、斟酒、托盘、理发、洗衣、烹饪等。

送

送——送行、送别。要会迎接客人，也要会欢送客人，客人能否再次光临，就要看送别客人的艺术性。如宾客住了一段时间，会对饭店各项服务工作产生一个综合的概念和评价，要主动前去拜访，征询其意见，对客人表示感谢；使客人走得愉快、走得高兴，留下回味的气氛，再来此地还会来这里。送别是接待服务工作的最后环节，切不可忽视。要掌握离店时间，帮助整理行李，提运行李，清理有无遗漏物品，扶老携幼，引客上车，挥手目送客人离去等。

第十章

总服务台服务

行政机关招待所大部分是以接待会议为主，对各种会议，总服务台要主动与会务组进行协调联系，及时了解与会人员到站、离所时间等各种情况，掌握迎送主动权。提前制订接待计划，严密组织，适时召开协商会议，把住房分配、就餐、会议、车辆、医疗、文娱等活动安排妥当，让与会人员及时了解。把接站视为接待服务工作的重要环节，营造热烈隆重的氛围，让与会人员产生第一美好的印象。

概论

总服务台是组织接待工作、调度业务和为宾客提供服务的一个综合性服务部门，由于它在招待所经营管理中带有全局、综合和业务指挥性质，所以称为总台。

总服务台设有接待、问询和账务等机构，负责处理宾客投宿等有关事宜。一般分接待和收款两部分。总服务台在布局上主要考虑三个因素：一是突出总服务台在前厅的中心地位；二是符合宾客对接待服务工作的要求；三是有利于招待所对经营业务工作的管理。

总服务台的地位和作用表现在：总服务台是招待所经营活动的一个中心，是负责招待所产品经营销售的机构，是业务活动中的信息集散点，对招待所经营管理起着重要的参谋作用。由于总服务台是宾客进店时接触的第一个地方，也是宾客离店时最后告别的地方，因此，总服务台的工作人员在宾客心目中是“招待所管理机构的代表”，是宾客遇到各种困难时寻求帮助的对象。总服务台的工作效率决定了饭店为宾客服务的节奏，其管理水平的高低对饭店的声誉影响极大。

总服务台要同客源市场、业务单位和各种社会公共关系保持密切的联系。为了疏通招待所的销售渠道，必须加强与客源市场的联系，包括客源本身和提供客源的单位。为了便于掌握安排宾客活动，汇集交通、住宿情况等，还要与有关方面保持广泛的业务联系，不断获得大量信息。

总服务台工作人员应有较好的专业素质：具有强烈的工作责任感，积极的服务意识，性格温和，容貌端正，举止有礼，应变力强，有一定的指挥能力。

1. 总服务台工作人员应有一定的产品知识

（1）对客房、餐厅、会议场所和综合服务设施的类别、数量、面积、位置、价格、色彩、设备、家具配备、接待量、食品和饮料的种类有所了解。

（2）对本服务项目的内容及服务方式有所了解。

（3）对本招待所产品的特点及竞争对手的产品情况有所了解。

2. 总服务台工作人员应有一定的销售技巧

（1）针对性。要善于了解宾客共同的和特殊的需要，如有的宾客喜欢价格较高的产品和服务，而有的宾客则喜欢价格低廉的产品和服务。同一个宾客在不同的条件下也可能会有不同的需要。公费宾客可能对房价不会十分关心，而自费者都喜欢价格便宜一点的客房。因此，必须善于判断宾客需求，有针对性地进行推销，做到恰到好处。

（2）灵活性。要根据淡、旺季节不同和客房出租实际情况灵活经营。如在旺季和节日，客人较多，客房紧张时应使用加床的办法来增加床位，这样可相应增加客房租金。在淡季和客房闲置时，可通过价格折扣等手段，尽力出租所有的房间，以减少闲置，增加经济收入。要能巧妙地掌握客人出进的时间差，提高客房出租率。在经营过程中既要按饭店的规章制度办事，又要根据实际情况有一定的灵活性，做到合情合理。

（3）技巧性。要善于使招待所的经营情况与宾客的要求联系起来，在为宾客办理住宿手续时，要对所安排客房的特点做简单的介绍。总服务台服务人员必须懂得基本的经营技巧，正确估量宾客的支付能力，按照宾客的意愿，尽可能做到既能满足宾客的需要，又使招待所增加经济效益。

预订服务

接受宾客和单位预订房间、预订会议室礼堂、预订宴会以及其他服务。预订的方法包括电话、电传和信件预订等；办理预订手续，对会议单位、团体一般应签订合同，以便共同信守；制定预订报表，每天要估测明日抵达的宾客，负责联络客源等。为了做好预订客房的工作，预订处应设有订房控制盘，以保证宾客预订房间，防止错定、重号或宾客来后再搬家调房等现象的发生。

预订房间，不管宾客采用什么方式，一般都应表示同意，要千方百计地给予安排，但为了防止宾客因事或有其他原因不能按期到达，造成饭店损失，房间一般保留到当天下午某一固定时间，过时不到即为订房失效。如宾客事先交了房金则应予以保留。团体客人订房，不管能否按期到达，都要先收当日的房金。预订的基本程序如下：

（1）接受预订。总服务台接到订房申请后，应立即查阅住房卡，一定要给对方明确的答复，然后填写订房通知单，一式三份，一份插入控制盘，一份交给接待处，一份待宾客来后交收款处。

（2）预订承诺。接受订房后，要填写预订承诺书。若因客房已满无法接受时，要填婉拒书信，以免耽误宾客另外的安排，特别是对书信预订更要慎重处理。承诺书或婉拒书信，一般是事先印好固定格式。内容是对订房表示欢迎或致歉。承诺书和婉拒书信往往是一份很好的广告。

（3）订房核对。接受订房后，因有的宾客可能取消订房或有变更，因此必须做好宾客到前的核对工作，以保证订房无误。

（4）超额订房。订房者不能保证都能如期到达，根据经验，订房不到者一般占5%左右。临时取消者占8%左右。因此，可以采用超额订房的办法来加以弥补，就是在订房已满的情况下，再适当增加订房数量和人数。

（5）留额备用。要根据招待所所处位置、环境，留出一定数量的房间和床位，规定一个相应的时间，过时无特殊情况，即可向其他客人出租。

前厅迎送服务

前厅迎送服务是招待所迎接服务工作的第一个环节，也是最后一个服务环节，它决定宾客对饭店的第一印象和最后印象的好坏。前厅服务人员（又称门卫）要作风正派、熟悉业务、了解招待所的基本情况、有独立的工作能力、掌握多方面的知识、善于处理宾客提出的各种问题，使饭店在宾客心目中树立起良好的形象。

（一）宾客到达时的服务

（1）宾客乘车到达时，首先将车引到宾客容易下车的地方。车停稳后，轻轻将车门拉开，躬身向宾客致意问候，热情欢迎。宾客下车时，要用手垫在汽车门框上部，避免碰宾客的头部。卸下行李，请宾客清点，行李多时可呼唤服务员搬进，然后迅速将车辆引导至停车场，再引宾客到服务台办理住店手续，或由大厅服务员引宾客到服务台。

(2) 宾客徒步到达时，如带有大件行李，应呼唤服务员接拿行李，并引领到总服务台。

(3) 团体、会议宾客到达时，应由招待所领导或接待主管人员负责迎接，组织服务人员欢迎宾客，搬卸行李，前厅服务人员要把车辆迅速引导到适当位置，疏导大门前的交通。同时，要注意迎接零散宾客。

(4) 重要宾客的迎接。要掌握了解重要宾客的日程安排和到达的时间，熟记其姓名、特征等。宾客到达时，迎接人员要立即出迎引领。对于事先没有通知突然到达的宾客，迎接人员要直接陪送到楼层、餐厅等地方，同有关服务人员详细交接后再离去，并及时向招待所领导报告。

(二) 宾客离开时的服务

(1) 宾客准备乘车离开时，应先将宾客准备乘坐的车辆引导至便于宾客上车和搬装行李的位置。然后与服务员协作将行李装车，并请宾客核实行李件数。宾客上车坐稳后，再轻轻关上车门，同时躬身致意，站在车的斜前方一两步远的位置上。车辆启动时，应举手致意告别，目送离去，以示礼貌。

(2) 宾客徒步离开时，要点头示意表示欢送。出门厅时为其开门，并要简短问候，目送客人离去。

优质服务安全操作项目

总服务台按招待所等级规模不同，服务项目也有所不同，一般有如下项目：

(一) 迎客服务

(1) 站立待客，随时准备迎接到来的宾客。

(2) 仪表端正，服饰整洁，精神饱满。

(3) 注视总服务台周围宾客的来往情况，随时提供服务。

(4) 宾客走近总台时要主动微笑，礼貌问候，如“您好”、“欢迎光临”等礼貌用语。

(5) 问好后，视情况主动询问宾客有什么事情。

(6) 准备回答宾客提出的问题，不明白的、不知道的，不能马上回绝“不知道”、“不了解”、“不明白”。应说“请稍等，我给查一查、问一问”，再给宾客适当满意的回答。

（二）入住服务

（1）宾客要求住宿时，应向宾客介绍现有客房的种类和招待所的设施情况。

（2）宾客确定住宿，请宾客填写入住登记表。

（3）宾客填完登记表后应认真细致核对宾客的证件，如身份证、介绍信、护照等，核对的方法有“六对照”：证件对姓名；面貌对年龄；籍贯对口音；衣着对身份；问话对表情；职业对来由。以防止不法分子混入。

（4）核对无误后即可分配房间，开具出租通知单、住房卡，引导宾客到收款处交款。

（5）收款处按规定收取相应费用或押金并开发票或临时收据。立即电话通知招待所分配房间号，准备好迎接宾客入住。

（6）会议入住手续，按会务组预先分配的房间、名单查验应有的报到手续和证件，核对一致时方可办理入住手续。

（7）入住手续办完后应将入住通知单送达客房部或楼层。

（8）引领宾客到所住的楼层，向楼层服务员交代注意事项。

（9）扶老携幼，帮助宾客提拿行李送至房间。

（10）详细记录宾客交办的事，要件件落实到部门和有关负责人。

（三）行李服务

（1）行李员或服务员要随时为进出宾客提供行李搬运服务。

（2）宾客行李到达后马上将宾客行李卸下，搬至总服务台。按行李清单详细清点、核对、签字或请宾客清点领取，一定要搞清楚，防止出错。

（3）行李领取完后可帮助宾客送至楼层。

（4）宾客要求总台存行李时要填写寄存单和行李卡，要检查行李的外包装是否完整，有无破损，有特殊情况要记录在寄存单和行李卡上，防止出错和纠纷。

（5）行李的领取，必须凭寄存单与行李卡，核对一致后方可发给，双方对行李的外包装要详细检查。

（6）所有寄存的行李都要按时间顺序详细登记，领取后签字销号。

（7）总服务台领班、主管必须每天检查行李的保管、领取手续的执行情况，并签字负责。

（四）贵重物品的保管服务

（1）宾客要求总台保管贵重物品，应热情接待，认真细致负责办理。

（2）宾客使用保险箱时，要填写贵重物品存物收据一式三联，一联交客人收存，一联黏在客人贵重物品的封皮上，一联存根留在值班人员处。

(3) 贵重物品封好后放在贵重物品箱，锁好第一道锁（上方），钥匙由宾客自行保管。

(4) 待宾客锁好第一道锁时，贵重物品保管员再当宾客面锁好第二道锁。

(5) 两道锁锁好后，在贵重物品登记簿上登记，双方签字以示负责。

(6) 宾客领取贵重物品时，必须持钥匙和存放贵重物品的收据，当宾客的面打开第二道锁，第一道锁由宾客打开，取出贵重物品与收据、登记簿相核对。并细致检查外包装无误后，将贵重物品交给宾客，并在登记簿上签字销号。

(7) 如宾客委托他人持存贵重物品收据和钥匙取物时，必须事先办理授权手续，在存物收据上写清姓名、证件号码，并有存物人的亲笔签字委托，被授权领取人领取贵重物品时要出示本人的证件，并在登记簿上记清号码。

(8) 如宾客丢失钥匙时，可凭存物收据经保卫部门核查属实后，由工程部维修人员当宾客面开启。

（五）问询服务

(1) 总服务台人员必须掌握店内的最新信息，各种服务设施的现状和未来会议的安排情况。

(2) 诚心接待每一位问询者，专心倾听所提问的问题，接听内外部打来的问询电话。

(3) 准确回答问询，绝不能用“大概”、“可能”等词句，无把握回答的问题，应说“对不起，请稍等，我立即给您查询有关情况”，查清后再耐心回答宾客，一时查不到的情况应向宾客说明，表示歉意。

(4) 接受宾客表扬和投诉，都要真诚欢迎感谢宾客对服务质量问题的投诉，应当场表示歉意，能改的立即改正，其他问题应上报处理。

(5) 对宾客询问的问题、投诉、表扬都应进行记录以积累资料，分析普遍性问题，找出原因，制定措施。

（六）代办服务

(1) 代办服务包括很多内容，要认真承办宾客交办的一切事项，解决宾客在外的一切困难，绝不能怕麻烦，简单地回绝客人。

(2) 诚心接受宾客所交办的事项，要细心倾听。

(3) 记录登记宾客所交办的事项。

(4) 记清后向宾客重复所交办的事项，防止听错记错。

(5) 及时认真地安排、办理宾客所交办的事项。

(6) 完成代办事项后要按约定时间送达或回复宾客所要代办事项的情况。

(7) 将代办事项的情况进行登记。

（8）对宾客提出的代办事项无条件办到的，不能当场拒绝，要为宾客联系或通过另外的途径解决，要使宾客感到工作人员为他尽了力，即使办不到，宾客也会理解。

（七）电话服务

（1）外来电话忙音不超过3次。

（2）接听电话时首先问好，报招待所名。如“您好，××招待所”或“××招待所总服务台”。

（3）总服务台电话禁止打私人电话或聊天电话，保持畅通，防止误事。

（4）认真听来电所述内容。

（5）记录电话的内容，能回答的可立即回答，不清楚的请客人稍等，查询后再回答，禁止当面回绝客人。

（6）宾客委托办理事项的电话要向宾客重复一遍防止出错。

（7）宾客电话委托办理的事项办完后要立即回复。

（8）接听电话时语气和蔼、语速适中，禁止急躁、不耐烦和随意挂断电话的做法。

（9）与宾客通话时，词语简练、准确，要用欢迎语、敬语、感谢语，不用否定语、斗气语、烦躁语。

（八）结算服务

（1）宾客账户应随时结好，准备查询和结算。

（2）宾客离店办理结算时，应站立向宾客问好，询问住宿情况表示关心。

（3）迅速找出宾客的消费账单，并核对账单上的房号、姓名与结算宾客是否相符。

（4）将宾客的消费账单请宾客审查核对。

（5）同时再一次与有关部门，如餐饮、酒吧、洗衣店、电话室、商品部等查问有否该宾客的消费账单，如有速报结算处防止漏账。

（6）如宾客对消费账单有疑义时，要耐心核对，必要时可与消费部门有关人员联系，切勿与宾客争辩。

（7）宾客确认账单无误后，方可给宾客开具正式发票，收回预收款单或押金单，结清所有费用。

（8）感谢宾客的合作，祝宾客旅途愉快，欢迎再次光临。

（九）总服务台主管运作规范

（1）每日主持每班交接班，审查值班记录，安排好上一班未完成的服务事项。

（2）安排好当日的工作，责任到人。

（3）审查签发营业日报表，准确及时上报分发。

（4）掌握每天宾客的到离人数、客房出租率及各种产品设施销售情况，发现问题及时制定应变措施并报告经理。

（5）制定审查签发各种接待任务通知单要准确无误，有变化随时修正并通知有关部门。

（6）检查住客登记簿、贵重物品登记簿、行李登记簿、宾客账单等各种登记资料，保证完整准确。

（7）签阅协查通报，组织人力认真协查，按规定时间上报。

（8）按公安、特行管理部门的要求，按时、准确地上报各种接待的资料，并负责审查签发。

（9）协调店内销售、客房、餐饮、会议等各方面的关系，使服务工作环环扣紧不脱节，保持连续性，配合紧密。

（10）随时接待处理宾客提出的问题，处理好宾客的表扬、投诉。要详细记录并上报领导。

（11）检查每日每班接待服务任务的完成情况，并及时督导。

（12）带领、示范总台接待服务，热情礼貌接待好每位宾客。

（13）与宾客打交道，扩展柜台销售活动，开拓客源新市场，以招徕更多的宾客。

（14）接待过程中发生特殊情况，应及时向经理报告妥善处理。

（15）建立宾客档案，汇集服务信息，积累服务数据资料，更好地为宾客服务。

特殊问题的处理

（一）处理宾客投诉

1. 接待当面投诉

（1）请宾客坐下，稳定情绪。

（2）有礼貌地迎客，向宾客表示尊敬、表示歉意。

（3）注意聆听宾客所提意见的内容实质。

（4）做好记录，留下宾客姓名、单位、电话号码。

（5）要友好、热情地帮助宾客，自始至终保持温和的态度。

（6）与宾客协商，诚心诚意地解决问题，要向宾客表示感谢。

（7）与宾客保持联系，要富有同情心。

（8）向宾客解释问题要耐心，说话要简短并注意分寸。

（9）切忌在公共场所处理投诉问题，避免第三者介入。

（10）切不可和宾客争辩，即使是宾客错了，要运用语言技巧使宾客感到对他是尊敬的。

2. 接听电话投诉

（1）对宾客投诉表示欢迎。

（2）在声音和语气上表示对问题的重视。

（3）表现出友好、热情和有礼貌。

（4）要冷静不激动，注意用词用句。

（5）看问题要客观，要站在宾客的角度来分析问题。

（6）尽力尽快帮助宾客解决问题。

3. 处理投诉程序

（1）与有关部门和领导商量、检查、调查研究宾客所提意见。

（2）能改的立即改并感谢宾客的关怀帮助。

（3）采用不同方式通知宾客处理结果，减少宾客的不满情绪，扩大宾馆的声誉。

（4）每件投诉都要有记录，连同处理结果一起存档，便于以后查看，总结分析问题实质。

（5）定期向宾客征求意见，了解宾客要求以便改进工作方法、设施和服务。

（6）善于领会宾客意愿，想宾客所想，急宾客所急。

（7）汇集宾客集中反映的问题，重点解决突出矛盾，避免以后类似问题发生。

（二）处理查控

（1）接到公安机关查控、通缉电传、电话或通令时由总服务台立即分别进行登记。

（2）由前厅总经理或领班签阅后，立即送保卫总经理签批，然后报外事领导小组成员签批，并通报警卫领班。

（3）夜间报总值班经理签批，由总值班经理电话报告总经理。处理结果于次日向外事领导小组汇报。

（4）由领班亲自组织清查，逐客逐项进行核对，不得马虎。

（5）清查结果要及时报告，保卫总经理回报特行科和外事科的电传，要经过保卫总经理或外事领导小组成员签字批准。

（6）如发现被查控、被通缉人员，立即报保卫总经理予以监控，并立即报公安机关处理。

（7）将清查的情况详细记录在值班簿上，并详细交班，继续监察。

第十一章

客房服务

客房服务要热情、主动、细致、周到，注意了解客人的生活习惯和特殊要求，建立有特殊需要宾客的生活档案。设立迎客员、引路员，帮助客人提拿行李，使客人感到亲切和温暖。要急客人所急，急客人所需，为客人购物，修理小件物品，陪客人看病，帮助取药等，为客人创造宽松条件。客户服务的主要特点是：房间干净、空气流通、清新、温度适中、安全得力。

客房服务实行一条龙服务，服务中做到三个服务、三类标准、三轻、四勤、四个一样、八个主动。

一条龙服务是车站机场有人接，到了楼层有人迎，人到，茶到，方巾到。

三个服务是热情服务，主动服务，针对性服务。

三类标准是迎接客人表情美，问题答话语言美，服务操作形体美。

三轻是说话轻、走路轻、操作轻。

四勤是眼勤、嘴勤、手勤、腿勤。

四个一样是领导和一般人员、生人和熟人、重要会议和一般会议、内部会议和外部会议一样服务。

八个主动是主动为宾客提行李，主动问好，主动介绍情况，主动照顾老弱病残，主动为宾客按电梯，主动为来访客人送水，主动征求意见，主动为宾客送行。

概论

客房是招待所的主体，是招待所的基础设施，客房服务在整个招待所服务中占有重要的位置。客房服务的主要任务是：管理好设备物资，科学灵活地布置房间，搞好清洁卫生，合理地组织接待服务，为客人提供一个安静、安全、清洁的工作、休息环境。

(一) 客房服务心理

宾客租用客房主要是住宿，是消除肌体疲劳的生理需求。但宾客要在客房进行社交、拜访、公务、商务、小型聚会等活动，要围绕着以休息为主的客房生活和宾客的活动规律去迎合宾客的心理。

☞ 1. 洁净

清洁卫生的环境被宾客视为重要的需要，它既作用于生理，也反映心理活动方面。客房清洁卫生工作应该在宾客不在场的情况下进行，宾客在场服务人员搞卫生，会使宾客在情绪上感到不安和受到干扰影响，一般地说，客人不喜欢清洁服务人员在面前转来转去，有时还会产生厌恶感。

☞ 2. 宁静

客房环境的宁静是保证宾客休息不受干扰的重要因素，主要是防止噪声或过量的响声，避免声波影响。服务人员要做到三轻：走路轻、说话轻、动作轻，这是为了创造宁静的环境所采取的措施。创造宁静的环境是客房服务的基本要求。

☞ 3. 亲切

客房服务要使宾客有生活在家里似的温暖舒适的感觉。也就是要做到“宾至如归”。亲切的服务态度可消除宾客的陌生感、疏远感和不安的情绪，可以增强信赖感，缩短宾客与服务人员之间感情上的距离，可以取得宾客对服务工作的支持和谅解。亲切的服务态度带来的心理影响是宾客和服务人员的共同需要。亲切是通过面部表情和神态来表达的，感情上的温度应是火热的，在面容上自然流露出亲切的微笑，在礼仪上通晓各国的礼仪习俗，满足宾客尊重的需要，亲切的语言十分重要，能用乡音接待宾客，使人倍感亲切，耳闻乡音会油然产生遇故之感。

☞ 4. 细致

细致是善于思索的结果，它来源于强烈的责任感以及敏锐的观察力、记忆力和思维能力。它要求服务人员有冷静的头脑和意志上的耐力，只有细致才能主动、周到服务。对宾客行为的预测便于把服务工作做在宾客开口之前。宾客需要的舒适感、安全感、亲切感是通过服务人员耐心细致、辛勤劳动获得的，绝不能粗心大意、马虎潦草。细致赢得荣誉，细致带来主动周到的服务效果。

(二) 客房的基本种类

☞ 1. 单间客房

面积为 16~20 平方米，配有卫生间，为适应不同宾客的要求，一般有三种布置：

(1) 客房内放一张单人床。适合于商务、旅游的单身宾客住用或者做暂时办公用。

（2）客房内放一张双人床。适合夫妻同住。这种房间要准备应带小孩的宾客要求加床，也称双人间，多供新婚夫妇使用，也有称“蜜月客房”。

（3）客房内放两张单人床。适合旅游团、会议住用。这类客房较多，现在通称为标准间，也称标准客房。

2. 套间客房

套间客房是由两个以上房间和卫生间组成的。

（1）双套间。也称家庭套间。是连通的两个房间，一间做会客室、一间做卧室，放一张双人床、一张单人床，配有卫生间，适合家庭、旅游团住。

（2）三套间。由一个客厅、一个办公室、一个卧室、两个卫生间组成，适合家庭或旅游团住。

（3）多套间。由三个以上更多的房间组成，有两个卧室，两个卫生间、会客室、餐厅、工作室、厨房等。

（4）立体套间。由楼上楼下两层组成。楼上为卧室，楼下为会客室。

（5）总统套间。由七个以上房间组成。走廊有酒吧，总统卧室与夫人卧室分开，男、女卫生间分开，有随员室、警卫室、书房和室内花园等设施。设施用品华丽、名贵。

3. 普通客房

普通客房，是指一间客房放两张以上床的客房，一般没有卫生间。

（三）客房的设备

（1）家具。床、床头柜、衣柜、行李架、写字台、写字椅、琴凳、沙发、茶几、穿衣镜、纸篓、温度计等。

（2）地毯。纯毛地毯、化纤地毯。

（3）电器设备。照明设备，包括台灯、落地灯、壁灯、吊灯、地灯（脚灯）、过道灯、电视机、空调、电冰箱、电话机、音响、门铃。

（4）卫生间设备。洗脸台、浴缸、恭桶、淋浴喷头、通风机、防滑胶垫、面镜、浴凳、电话附机、浴帘、晒衣绳、毛巾、浴巾架、卫生纸架、冷、热水水龙头、垃圾桶。

（5）安全设备。烟雾报警器、自动灭火器、房门潜望镜、房门安全链（环）、安全疏散图、安全指示灯、灭火器（楼道）、消防栓（楼道）。

（四）客房的用品

（1）床上用品。床单、毛毯、被子；褥子、枕心、枕套、床罩。

（2）卫生间用品。大浴巾、小浴巾、面巾、脚垫巾、浴帽、洗发液、洗澡液、浴皂、口杯、牙刷、牙膏、梳子、香皂、香巾纸、卫生纸、洗衣袋、剃须刀、鞋油、鞋拔子、托盘（放卫生用具）。

(3) 装饰用品。窗帘、窗纱帘、沙发套、椅套、靠垫、花边垫布、字画、工艺品、花瓶、花盆架。

(4) 茶烟具。热水瓶、凉水瓶、茶杯、凉水杯、垫盘、烟缸、茶叶桶、茶、打火机（火柴）。

(5) 文具及其他用品。宾客须知（服务指南）、“勿卧床吸烟”牌、征求意见卡、信纸信封、铅笔或圆珠笔、日历、墨水、胶水、洗衣单、食谱、针线包、拖鞋、衣架、旅游图、电报和电传纸、“请清理房间”牌、果盘、水果刀。

客房清扫服务

客房清洁卫生工作占有重要地位，它是招待所服务质量的标志之一。搞好清洁卫生工作，不仅有利于提高宾馆的声誉，而且有助于宾客调节精神、消除疲劳、预防疾病。

（一）标准客房清洁卫生要求

(1) 家具摆设整齐，放在要求位置上。

(2) 用具、茶具摆放有序，店徽、店标明显。

(3) 窗帘开启自如，住客房开窗，关好纱窗。

(4) 卫生间无异味，用品摆放整齐，齐全有序。

(5) 浴缸、恭桶、脸盆消毒清洁。

(6) 玻璃、镜子明亮无尘、无水花。

（二）清扫的准备工作

1. 领取要清扫房间的钥匙

一般都由客房主管或领班分配所要清扫的房间，并发放钥匙，要签字领取用完交回。

2. 准备清洁工作车及用品

(1) 清扫工具。①干湿抹布各两块，清扫房间的抹布和清扫卫生间的抹布一定要分开用。②清洁剂一桶。③浴缸刷一把。④恭桶刷一把。⑤拖把一个。⑥大垃圾袋一个。⑦经过消毒的干净擦布多块备擦水杯、镜子等用。⑧胶皮手套一副。

(2) 备足替换布件、毛巾、床单等。
(3) 备足一次性消耗品。
(4) 备足更换的茶杯口杯（应集中消毒）。
(5) 准备好吸尘器，应检查是否完好。
(6) 确定清扫的顺序。

(三) 客房清扫的一般原则

要根据客情，按下列顺序打扫：
(1) 挂着“请打扫卫生”牌子的房间。
(2) 客人口头提出要求打扫的房间。
(3) 服务台通知要打扫的房间。
(4) 重要客人的房间。
(5) 特等房间。
(6) 普通房间。
(7) 空房。
(8) 走客房。在客流比较大的情况下，应在宾客走后立即组织清扫，以便随时出租、提高出租率（注意：凡是门上挂着“请勿打扰”牌子的房间暂不进房清扫，但是如果 14：00 过后仍挂着这个牌子，应进行房号登记并报告领导及时妥善处理）。

(四) 客房清扫优质服务安全操作项目

客房清扫的方法是：从上到下；从里到外；先掸后扫；先擦后拖；环形清扫；注重角落。

1. 进客房

(1) 先看房号是否准确，防止错进，查看房号是否完整。
(2) 看有无宾客提出的要求，如有“请勿打扰”暂不进房。
(3) 敲门。用中指节敲三下，待宾客回答允许，方可进入。
(4) 进门后报部门、姓名、征求宾客意见后方可工作。
(5) 敲门后无宾客回答，可连敲三次，中间停 5 秒。
(6) 确认房间无宾客时，开门进房并查看房门、门锁情况。
(7) 将门开成 90 度角再开始工作，门一直开着。

2. 清理检查

(1) 开灯。查全部灯光有无不亮的。
(2) 拉窗帘。查有无挂钩、脱落、拉不动的。

（3）开窗通风。查窗锁卡轨道有无不灵的。

（4）倒茶根收杯。查有无损坏。

（5）倒烟灰缸。查有无损坏。

（6）倒抽屉杂物（宾客摆放物品文件则不倒）。查看桌、抽屉是否损坏、不灵。

（7）清理各台面杂弃物，入垃圾桶。

（8）清理地面杂物，入垃圾桶。

（9）撤去枯花。

（10）将垃圾袋取出并检查有无危险品，换套新袋，将垃圾桶摆正。

3. 铺床检查

（1）拉床。查床底滚珠是否灵敏、床铺是否平整、有无损坏。

（2）将被子叠好，放在衣柜里。

（3）将毛毯整好，放在椅子或沙发上。

（4）撤床单、枕套，查看床脚是否牢固，床是否平整。

（5）铺平褥子，套好套绳，防止滑动。

（6）铺第一个床单。用来包床垫，当褥单使用。

（7）铺第二个床单。床单正面朝下，床单上端与床头对齐。

（8）铺毛毯。毛毯上端距床头 30 厘米。

（9）将毛毯、床单折入床垫内（床尾），将长出毛毯 30 厘米的床单沿毛毯折作床头。

（10）四角包扎整齐，不出皱褶，包成直角或斜角。

（11）套枕套，枕芯。四角冲齐，枕套口，单人床反向于床头柜，双人床枕口方向相对。

（12）盖床罩。将全床罩住，床罩不着地，匀称平整，床头罩折入枕缝中，平均整齐。

（13）将床推回原位。检查是否平整牢固，两床对称。

4. 除尘检查

（1）擦门。查锁转动是否灵活，开门有无声，门框、门板有无变形，防盗链、门镜、门铃是否完好。

（2）查看疏散图是否完整清楚。

（3）除蜘蛛网。查天花板，有无裂缝、脱皮、漏水、起泡。

（4）掸墙壁灰尘。查有无破裂，挂画、挂镜有无歪斜。

（5）擦衣柜。查门能否关紧，衣架、衣刷、鞋拔子是否齐全。

（6）擦空调机口。消除机口积尘。

（7）擦穿衣镜、梳妆台。清洁明亮。

（8）擦行李架。不要挪动宾客行李。

(9) 擦写字台。宾客的文件物品应保持原样不要挪动。

(10) 翻台历。按日期每天翻。

(11) 擦电视机。查有无图像、频道是否正确，颜色是否适宜，关机除尘。

(12) 擦电话机。查有无故障，定期用酒精消毒。

(13) 擦台灯、壁灯、地灯，查开关是否灵敏。

(14) 擦写字台、椅子。查四腿有无松动，铆钉外露，防止钩破衣裤。

(15) 擦沙发、茶几、茶盘。注意除掉缝隙杂物，查有无松动不牢。

(16) 擦窗玻璃。定期擦、雨后随时擦，保持明亮，注意安全。

(17) 擦窗台。可用湿布擦无尘。

(18) 关窗户。查推拉轨道是否好用，锁卡有无损坏。

(19) 拉纱帘。查轨道挂钩有无损坏，纱帘拉到位。

(20) 擦床头或床头板。擦布不要贴在墙上，防止把墙面擦出脏痕。

(21) 擦床头柜。检查各种开关有无故障，把电子钟调准确。

(22) 擦温度计。查看温度，打开空调机，保持标准温度。

(23) 查看各种设备摆放位置。做到整齐、均匀、统一。

5. 换补房间用品

(1) 补消毒过的茶杯、茶杯垫。店标朝外。

(2) 补茶叶或换茶桶。商标朝外。

(3) 补烟缸、火柴。商标朝外。

(4) 补拖鞋、擦鞋器（纸）。放在床头柜内。

(5) 补换“欢迎”卡、“请勿卧床吸烟”卡，放在床头柜上。

(6) 补信纸、信封。

(7) 补电报、电传纸。

(8) 补洗衣单及价目表。

(9) 补服务指南、宾客须知。

(10) 补客房用餐菜谱。

(11) 补圆珠笔、铅笔。

(12) 补胶水、墨水。

(13) 补游览交通图。

(14) 补针线包。

(15) 补洗衣袋，放在衣柜里。

(16) 补服务质量调查表或征求意见表。

(17) 补放饭店简介。

6. 清扫检查卫生间

(1) 开灯检查灯泡。

(2) 开抽风机换气。
(3) 恭桶冲水，查出排水是否正常。
(4) 撤毛巾、面巾、浴巾、脚垫。
(5) 清理洗脸台杂弃物。
(6) 取走垃圾袋，换上新垃圾袋。
(7) 擦洗脸盆台，查水龙头是否正常。
(8) 擦浴缸。查喷头水龙头是否正常和热水温度。
(9) 消毒后，恭桶上消毒封条。
(10) 擦镜子，明亮无水花。
(11) 擦墙面及卫生间门，查看门锁是否正常。
(12) 擦毛巾浴巾架、卫生纸架、服务小托盘。
(13) 擦电话附机，查是否正常。
(14) 查浴帘、晾衣绳是否正常。
(15) 擦地面。做到无积水。
(16) 补毛巾、面巾、浴巾、脚垫。
(17) 补香皂、浴皂、浴液、发液。
(18) 补牙膏、牙刷，店徽朝上。
(19) 补消毒过的带套口杯。
(20) 补浴帽、梳子，店徽朝上。
(21) 补香巾纸。
(22) 补卫生纸。放在纸架，纸头折成三角形。
(23) 将浴帘拉上一半。

7. 晚间开床检查

(1) 齐房内灯，查灯是否完好。
(2) 更换用过的茶具。
(3) 增添冷热水。
(4) 简单地清理桌面卫生，倒烟灰。
(5) 将窗帘拉拢，对称到位。
(6) 补充服务用品。
(7) 将床罩叠好，放在行李架上或其他位置上。
(8) 将盖单连同毛毯反折，靠床头柜的一侧。
(9) 把拖鞋放在沙发前或床的一侧。
(10) 简单整理卫生间，清洗脸盆、浴缸、恭桶。
(11) 更换用过的毛巾，补充卫生用品。
(12) 把脚巾平放在靠浴缸的一侧。

(13) 开床头灯、门灯，将其他灯熄灭。

(五) 客房计划卫生

客房计划卫生不包括日常卫生项目，主要是平时不需天天搞和不易清扫的地方，主要的项目有：

(1) 擦窗。窗上的浮尘一般每周安排擦一次，雨后要随时擦净。擦的方法有：①水擦；②潮干布擦；③油擦；④粉擦。

(2) 家具上蜡。一般半年左右对客房内的家具上蜡打光。

(3) 地板打蜡。地板一般一个季度打一次蜡。

(4) 地毯清洗。可根据地毯积尘情况，一般半年左右清洗一次。

(5) 擦拭顶灯。每月清擦一次。

客房消毒

消毒是客房卫生的重要工作项目；防止疾病传染流行，对保证宾客身体健康有重要作用。

(一) 消毒项目

(1) 房间消毒。按卫生要求，每周进行一次紫外线或其他化学消毒剂灭菌。

(2) 卫生间消毒。卫生间的用具易于污染病菌，必须每天彻底清扫，定期消毒，每更换一位宾客要进行一次严格消毒。

(3) 餐茶具消毒。餐茶具每天都要集中在消毒间集中消毒。

(4) 水果消毒。食用水果都要进行清洗消毒。

(二) 几种常用消毒液剂

(1) 氯亚明。浓度 3‰，用于客房内空气及表面物品的消毒。

(2) 漂白粉。浓度 3‰，用于客房餐茶用具、棉织品和房间的消毒，也可用于水果消毒。

(3) 高锰酸钾。浓度 1∶2000 水溶液，用于餐、茶、酒具消毒，水果消毒浸泡时间不少于 5 分钟。

(4) “84”消毒液。浓度 1∶500、1∶200 水溶液，用于家具、玻璃、塑料制品，白色衣物的消毒，也可用于餐、茶、酒具、蔬菜、水果的消毒。

（三）消毒的方法

☞ **1. 餐、茶、酒具的消毒方法**

（1）高温消毒法，包括蒸气消毒和沸煮消毒，要蒸沸 15 分钟左右。方法简单，操作方便，合乎要求。

（2）浸泡消毒法，使用漂白粉或氯亚明溶液，要浸泡 5 分钟然后用净水冲洗擦干。不锈钢制品不宜浸泡。

☞ **2. 对房间家具的消毒方法**

（1）药物喷洒，用 1%~3%的漂白粉，喷洒消毒。

（2）用 2%的来苏水、10%的碳酸水擦洗家具、设备。

☞ **3. 卫生间的消毒方法**

（1）使用 5%漂白粉澄清液消毒。

（2）用 2%~3%的来苏水液擦拭消毒。

（3）用“84”消毒液擦拭消毒，既杀菌又具有去污作用。

（4）消毒完后要闭门窗约两个小时，然后进行通风。

四
客房日常服务

（一）迎客服务

要做好各项准备工作，要充分、周密、细致，并在宾客进入客房前完成。

☞ **1. 了解客情**

应向接待单位、接待人员了解宾客的风俗习惯、宗教信仰、生活特点、健康状况、接待标准、特殊要求，做到情况明、任务清。

☞ **2. 布置房间**

根据宾客的风俗习惯、生活特点和有关接待标准、规格、要求，对客房进行布置和整理，一定要弄清宾客的特殊要求和生活爱好，如茶、烟、水果、鲜花、饮料等，要特别注意宾客忌讳的用品不能在房间摆放，以示对宾客的尊重。

☞ **3. 楼层迎客**

宾客到达前调整好房间温度，以 22℃左右为宜，晚上到达的宾客应先把房间灯打开，按睡前整理好床铺，然后站在楼梯口迎客。

（1）宾客到达后应首先热情问好，笑脸相迎，主动接拿行李，问清房号，看清住房卡，主动搀扶老幼，引宾客到房间。

(2) 宾客进入房间后，应简要向宾客介绍电视机、空调、冷风机、卫生间的使用、用餐地点、行走路线及主要服务设施的位置、联系交通的具体方法。老客户即不必介绍，要简短、迅速，让宾客早点休息。

(3) 分送行李，一般由行李员分送到房间，客房服务员要协助做好，一定要当面点清。

(二) 住客服务

要做到热情、礼貌、主动、周到、耐心。

1. 端茶送水

房间的冷、热水早晨全部更换。上午、下午、晚上，要根据饮用情况适时更换，特别注意对有来访者或喝水量大的宾客要随时补充，尽量减少宾客要水。

2. 整理房间

宾客入住后，服务员一般是上午、下午、晚上整理房间。

(1) 上午是一次全面清扫整理。

(2) 下午是 14：00 以后，在宾客午休后进行整理床铺，包括更换茶具、水果，简单打扫卫生间。

(3) 晚上在 19：00 点左右也称“开床”，开床就是靠近床头柜的一侧的盖单连同毛毯或被子、反拼成的小三角，把拖鞋放在沙发前或床的一侧。简单整理卫生间，把防滑垫放在浴缸适中位置，脚巾平放在靠浴缸的一侧。

(4) 随时整理。有时宾客在房间会客或开小型酒会、座谈会等，待宾客结束活动后应马上彻底清理房间，撤去废弃物，更换茶用具，补充用品。

3. 客衣服务

宾客洗烫衣服由服务员清点检查登记取送，必须认真细致，手续清楚，不能粗心大意，否则就会出错。应做到六个认真：

(1) 认真清点。

(2) 认真检查。

(3) 认真登记。

(4) 认真填写宾客要求。

(5) 认真让宾客当面点清件数质量，看清账单价格。

(6) 认真收费，当面收款或签字。

4. 叫醒服务

要根据宾客要求记清叫醒时间，做好详细记录。一般宾客叫总机叫醒，总机叫三次无人接听，通知楼面服务员敲门叫醒。注意千万不能误时。

5. 会客服务

根据宾客的要求，准备茶用具、饮料、水果等或加椅子，要及时换水续水，增添所需用品，送小毛巾。宾客不在房间时，未经宾客交代，绝对不能带来访者进房间。

6. 病号服务

发现有患病宾客应马上报告领导并记录下来，及时提供周到细致的服务，应做到：

（1）询问宾客的病情。

（2）提醒宾客招待所有医务室或附近医院。

（3）征询宾客需要什么帮助，及时为宾客解决。

（4）工作时留意此房间情况。

（5）宾客来去用餐可征求是否需订病号饭送至房间。

（6）重病时马上报告领导，采取有效措施或送医院。

7. 托婴服务

为方便宾客交际活动负责看管孩子，要保证小孩的绝对安全，要根据家长的要求进行看护，特别注意不能随便给孩子吃东西。

8. 擦鞋服务

宾客要求擦鞋，通常是晚上把鞋放在走廊房门旁，可及时将鞋擦好送还宾客。

9. 清洗消毒水果服务

按照接待要求对水果进行清洗消毒，合理地摆放，要准备盘、刀等用具。

10. 摆放鲜花服务

按要求品种摆放，适时更换。

11. 邮件电函服务

各种邮件、报刊、电传等随时送达宾客手里，切不能延误，特别是电传、电报要及时登记送到，代宾客邮寄包裹等。

12. 饮料供应服务

设有冰箱的房间要按规定的品种备齐、补齐，每日清点登记消耗数量，请宾客签字付款。

13. 其他服务

宾客外出会遇到意想不到的问题，要随时解决宾客提出的要求，如修理各种物品，购买急需用品等。

（三）送客服务

宾客离店，服务员要帮助宾客做好离店前的准备工作，使宾客临行前受到各方面的关照，除领导看望征求意见外，主要有如下几件工作：

1. 行前准备工作

（1）与接待单位联系，掌握离店时间，主动征求宾客意见和要求。

（2）检查宾客所托办的事情是否办完。

（3）与总台联系结清各项费用。

（4）宾客整理行李时主动提供方便，如捆扎等。

（5）利用服务时间留意查看各种用具设备有无损坏和短缺，如有应婉转询问妥善处理。

（6）问清是否需叫醒或用餐等事宜。

2. 送别

（1）宾客离开房间，主动为其提送行李按电梯。

（2）扶老携幼送至大门口或汽车上。

（3）与宾客告别招手相送，祝一路顺风。

3. 检查

（1）宾客离开房间后，值台人员立即查看客房、卫生间，看有无遗忘物品，特别注意枕头底下、衣柜、抽屉等角落，如有马上追送，不能送还时交保卫部门。

（2）做好宾客离店的各项记录工作。

（3）组织清整房间，以便及时再出租。

（四）茶的一般知识

宾客日常用的饮料最多的是茶，茶是世界三大饮料之一，为了搞好服务必须了解掌握茶的一些知识。

1. 茶的种类和饮用习惯

（1）花茶，又名香片。有茉莉、珠兰等，香味扑鼻回味无穷。北京、天津、河南、河北、四川、贵州等地的宾客喜饮。比利时、美国等国的宾客也喜饮。

（2）绿茶。气味清鲜芬芳。主要品种有西湖龙井、洞庭碧螺春、黄山毛峰、庐山云雾、屯溪珍眉等。上海、浙江、江苏、江西等地的宾客喜饮。日本、朝鲜、摩洛哥、几内亚、尼日利亚等国的宾客也喜饮。

（3）红茶。是发酵茶，有水果香气，醇厚、鲜甜。主要有祁门红茶、云南红茶、四川红茶、英德红茶等。云南、安徽、山东等地的宾客喜饮。拉丁美洲人也喜饮。

（4）乌龙茶。制作介于红茶、绿茶之间，香气馥郁，回味悠长，以武夷山为最好，“铁观音”、水仙为上品。广东、福建地区的宾客爱喝，中国港澳地区、东南亚地区的人们最爱喝。

（5）紧压茶。又称茶砖，新疆、内蒙古、青海、甘肃、西藏、陕西等边远山区的兄弟民族同胞习惯将茶砖制成酥油茶、奶茶饮用，它包括砖茶、沱茶、普洱茶。以云南的普洱茶最著名。

2. 沏茶的方法

（1）用开水沏茶，应用90℃以上的开水沏茶。

（2）杯盖取下后要反放在桌上，千万不要平放。

（3）先倒入1/3容量的开水，盖上盖稍闷一下，待宾客坐下后，再加入开水，以七八分满为宜。

（注意：茶叶不能和香皂等化妆品放在一起。）

洗衣服务

要求：熟练掌握洗涤、熨烫、判断技能；讲究信誉，保证质量，不出事故；认真负责，交接手续清楚无误，不出差错。

（一）湿洗

（1）接通电源，检查机器是否正常，无异常现象后开始工作。

（2）湿洗前对所有织物严格检查分类。

（3）根据织物的性质、染色、牢度，脏净情况，以及污渍等各方面的情况选择洗涤温度及某项程序控制，对某些织物做必要的洗涤前处理（包括刷洗及去除污渍）。

（4）根据洗衣机的容量，投入适量的衣物，不得超过机器的容量。

（5）按纤维性质等方面的情况，正确选用所用洗涤选材料及选材料的数量。

（6）各项准备就绪后方可开机。

（7）机器运转过程中，操作人员不得离开工作岗位，直到洗衣机洗涤完毕，取出衣物为止。

（8）各种衣物、织物洗涤后，要认真检查洗涤质量，凡是不合格的要及时重新处理，不得发往下道工序。

（9）生产任务完成后，要停机、断电、断水、断气，搞好机器卫生和车间卫生。

（10）每天生产情况要及时记录，汇总登记，做到记录准确、清楚、交接手续完备。

（二）烘干

（1）对洗涤后的衣物要严格分类，不适宜烘干的衣物要采取晾干、阴干等方法。

（2）根据衣物性质正确选择烘干温度及烘干时间。

（3）按烘干机容量放入适量衣物，不得超量。

（4）开机后随时注意机器运转情况，不得离开岗位。

（5）对已烘干的织物，应立即叠好，码放整齐，不要堆放时间过长，以免呈现皱折，影响质量。

（6）生产任务完成后，必须立即切断电源，保证安全。

（7）打扫烘干机内的纤维及脏物，经常保持清洁卫生。

（8）当日生产情况要记录汇总登记，办清交接手续。

（三）干洗

（1）干洗前，把衣物按脏净程度进行分类，对不易洗掉的污渍，要在洗前处理，对不适宜干洗的衣物，绝对不能干洗，以防发生事故。

（2）按衣物的性质正确选择洗涤程序，装机要适量，不能超量。

（3）开机前先接通电源，然后打开油箱阀门及冷却水阀（并在冷却水阀中定期加入软化剂）关好机门后方可运行。

（4）在机器运行过程中，不能调整其他程序或随意搬动各种阀门及电器控制形状，以免发生事故。

（5）在洗涤程序全部结束后，方可打开机门，取出洗涤衣物，对洗涤质量进行检查，对干洗不能去掉的污迹，要进行必要的处理，以保证洗涤质量。

（6）要定期清理过滤器，清理蒸油箱内的污垢，定期加油，保证洗涤质量。

（7）对所洗的衣物，必须汇总登记并办清交接手续。

（四）洗衣

（1）对要熨烫的衣物，要严格分类，检查好再烫，保证质量。

（2）根据各种织物（纤维）的性能正确选择熨烫温度，以免发生熨烫事故。

（3）在操作过程中，要严格根据质量标准做到规格、平整、挺括，对不合格的衣物必须返工。

（4）电熨斗接通电源工作后，工作人员绝对不能离开工作岗位，杜绝发生火灾和烫坏事故。

（5）熨烫工作完成后，立即切断电源，对熨烫后的衣物整理后，及时交下道工序，烫衣工作间不存放成品。

(6) 对所烫的衣物，要先汇总登记，办清交接手续。

(五) 蒸气熨衣机使用程序

(1) 操作道在水箱内加满软水（如无软水在水中加入适量软化剂），以防结垢造成堵塞。

(2) 接通电源后，检查水泵压力表、安全阀是否正常，安全可靠，待机内水温达到100℃时打开排气阀放掉机内余气。

(3) 当压力表工作压力显示为3公斤/平方米时方可工作。如工作压力超过3公斤/平方米，安全阀不工作时，应断电、待机、检修。

(4) 蒸气熨斗的使用，可根据所熨织物的性能选择适宜温度，打开蒸气阀门后，开启熨烫台的风机，排出蒸气，方可使用。

(5) 随时观察熨斗温度指示灯，以防烫坏衣物。

(6) 熨烫工作全部完成后，应立即断电，排除机内污水，清理卫生。

(7) 机器发生故障时，应立即断电停机，以免发生事故。

(六) 轧平机使用程序

(1) 打开前要打开蒸气阀门，查看蒸气压力的情况。

(2) 调整轧平机的速度（调整时必须停机进行）。

(3) 在轧平前必须对所要轧平的织物进行整理，要抖开理顺。

(4) 轧平时操作人员的手不要超过挡板，要随时注意帆布套运行情况并及时加以调整。

(5) 检查轧平质量，对于潮湿不干、不符合质量标准的织物，必须返工重轧。

(6) 工作完后，停机断电，清洁卫生。

(七) 收发衣物工作程序

(1) 每日上班后接收客户及各部门送来的衣物及各种织物。

(2) 进行分类，逐件检查，清点数量进行钉号登记。

(3) 开票，记清件数，要正确计算价格。不得拒数当日交洗的客衣。

(4) 对洗涤好的衣物，按客衣单号进行整理、清点，发现差错及时查清，防止取衣时才发现，引起纠纷。

(5) 发衣物时，凭洗衣单发给，收回洗衣单，收款时开给发票。

(6) 每天要做好记账、统计工作，做到账目清楚、手续完备。

(7) 每日下班前将所收洗衣费支财务，不得留存洗衣房内，防止流失。

(8) 对内部洗涤织物，记价后报财务处结账。

第十二章 餐厅服务

餐饮服务要符合宾客和会议代表膳食结构的要求，各种会议都要精心制定食谱和菜单，为使宾客和会议代表吃好，根据不同情况设立清真席、软食席、素食席和低糖席，针对不同的宾客，巧调品味、细致服务，在烹调制作中，力求完美、精益求精。热菜突出一个“特”字，凉菜突出一个“野”字，主食突出一个“多”字，营养突出一个“适”字。坚持创新服务，推出名菜、名点，在服务上实行：一是首问负责财务；二是全程跟踪服务；三是针对性服务；四是标准化服务；五是变化式服务。

概论

饮食是人们生活的第一需要，是人类社会生存发展的先决条件。餐厅服务表现招待所的经营特色和技术高低，反映着招待所的等级、水平，是提高招待所知名度、美誉度的重要部门，是招待所唯一生产实物产品的部门。

（一）餐厅的分类

（1）按供应餐别分类，通常分中餐厅、西餐厅、宴会厅和风味餐厅。
（2）按用餐方式分类，一般分共餐式、分餐式、自助式和零点式餐厅。
（3）按提供的饮料品种分类，一般分咖啡厅、酒吧。

（二）餐厅服务心理

宾客愿意走进一家餐厅，产生这种动机的主导是食品，他的眼、耳、鼻及其他感官由于外界刺激物的影响，随即做出积极的反应，大脑迅速做出分析判断并调节他的意志、行为。因此，要赢得宾客，餐厅经营需要在环境和设施、品种和特色、质量和价格等方面精心组织，还需要有技术高超的厨师和训练有素的服务队伍。

1. 餐厅的形象

这种形象是视听、嗅觉多方面形象的结合，餐厅的外表最引人注目，招牌、门面的艺术设计，餐厅的陈设雅致，能给宾客的视觉带来一种享受。整洁的视觉形象能引起宾客的联想。环境是整洁的就会想到食品是卫生的，卫生感能带来舒适感和安全感。这样宾客就会总想着到你这里来用餐。

2. 人员的形象

餐厅服务人员出现在宾客面前的形象应该尽可能是完美的，衣着要整洁，搞好头部和手部卫生，讲究礼节、礼貌、迎接技巧、语言艺术。要观察宾客的特征，领位时要做到恰如其分，点菜、上菜、斟酒要经过专门的训练，给人以彬彬有礼、主动热情、殷勤周到、技术熟练的服务形象。这些对宾客的心理影响是重大的，它能起到增进食欲的作用，给宾客留下深刻的印象。

3. 产品形象

餐厅所提供的产品，主要是食品。中国食品色、香、味驰名中外，烹调技术誉满全球，中国食品的形象早已在人们的心理上有着一定的位置。很多旅游者都是慕名而来，有一种期望心理，认为能一饱口福，品尝之后名不虚传，就满足了他们的愿望；品尝之后徒有虚名，就会惊呼上当，进一步比较之后认为不如别家，最后导致饭店门庭冷落，那是必然的事。所以，必须保持中国各类菜肴的特色和加工制作程序，继承发扬传统优秀产品的形象。

4. 特色的作用

心理学原理认为，凡是新鲜的、奇特的事物总是能引人注目，激发人们的兴趣。很多餐厅风味独特，创立了品牌，就大受顾客的欢迎。在餐厅林立、面临竞争的局面下，特色的作用就颇为重要。在经营上要有灵活性，要搞好市场调查和预测，要研究宾客的心理活动规律，适时调整特色，应时令，出奇制胜，那就必然会受到宾客的欢迎。

二 餐厅服务基本技能

（一）托盘

1. 托盘的种类与用途

（1）托盘有木、铝、不锈钢、搪瓷制品。

（2）分为大、中、小三个规格的方托盘、长方形托盘和圆形托盘。

（3）用途。大托盘用于端饭、送菜、酒水、饮料；中托盘用于摆、换、撤餐具剩酒、菜等；小托盘用于送茶、咖啡及盛放小礼品。

2. 托盘的操作方法

（1）轻托（胸前托）。①理盘。整理清洗干净，放一块垫布防滑。②装盘。重高在里，轻低在外。③托送。左手臂自然弯成角，掌心向上，五指分开，托住盘底，横托于胸前，走时头正肩平，脚步轻捷，轻松灵活，节奏自然摆动，目视前方。

（2）重托（肩上托）。多用于托较重的食品。方法是：五指分开用掌托住盘底，掌握好重心，用另一只手护持，将盘托至胸前，向上转动手腕，使托盘稳托于肩上。放盘时要弯膝，不能弯腰，走路时头正身直，保持托盘不晃动，身体不摇摆。目前多采用推车，重托用得较少。

（二）摆台

摆台是将各种餐用具按要求摆在餐桌上，以供客人用餐。摆台的要求是：餐具图案对正；距离匀称；艺术美观；清洁卫生；方便使用；形式多样；秩序井然；餐具配套；适应需要。

1. 摆台的种类

（1）中餐摆台。

（2）西餐摆台。

2. 台布

常用台布尺寸：10 人桌用为 220 厘米 × 220 厘米；6 人以下桌用为 180 厘米 × 180 厘米。台布要洗得干净、挺括。

铺台布有三种方法，即抖铺式、撒网式和推拉式。要求：鼓缝朝上；中线直对；四角垂直；距离相等。

3. 中餐宴会摆台（按 10 人一桌）

洗手；备餐具；铺台布定位。餐具摆放次序是（从主人位开始顺时针方向进行）：

（1）摆餐盘（骨盘），距桌边 1 厘米，距离相等。

（2）摆筷子架、筷子。在餐盘的右上方，距餐盘边 1 厘米，距桌边 0.5 厘米。

（3）摆羹匙垫、羹匙，在餐盘的正前方，距餐盘 0.5 厘米，匙把向右。

（4）摆汤碗，在餐盘左上方，距餐盘 0.5 厘米。

（5）摆酒杯，先将红酒杯放在羹匙垫正前方，水杯在左，白酒杯在右。距离 0.5 厘米，三只杯呈一条线，餐巾花放入花杯中。

（6）摆公用餐具，摆两套公用餐具，放在正副主人的正前方，每套餐盘一个、筷子一双，不锈钢长把勺一把，勺把及筷子手端向右。

(7) 摆牙签，一种摆袋牙签，在餐盘右边；一种摆牙签筒，在公用餐具盘的右边，距餐盘 0.5 厘米。

(8) 摆烟灰缸，从主人的酒具的右侧开始摆，每隔两人摆一个，与酒具平行。

(9) 摆香烟、火柴，在正副主人右侧，正面向上，紧挨烟灰缸。

(10) 摆菜单，放两张菜单，在正副主人筷子的旁边，下端距桌边 1 厘米。

(11) 摆席次牌，在主人右手第三位客人的餐旁，牌号朝宴会厅的入口处。

(12) 摆花，在桌的中间位置（不做统一要求）。

4. 西餐午、晚餐零点摆台（按 4 人一桌）

洗手；备餐具；铺台布定位。餐具摆法是：

(1) 摆餐盘，在方桌十字线中，距桌边 1 厘米，将折好的餐巾放在餐盘上。

(2) 摆餐叉，在餐盘左方，叉尖朝上。

(3) 摆餐刀，在餐盘右方，刀刃朝餐盘。

(4) 摆汤匙，在餐刀右方，匙口朝上。

(5) 摆甜点心叉，在餐盘上方，叉头朝上。

(6) 摆甜点心匙，在甜点心叉上方，匙口朝上。

(7) 摆面包盘，在餐叉左上方，距桌边 6 厘米左右。

(8) 摆黄油刀，在面包盘中边上，刀口向盘内。

(9) 摆水杯，在餐刀尖的上方。

(10) 摆酒杯，在水杯的左侧成一线。

(11) 摆烟灰缸，在餐盘的正上方。

(12) 摆胡椒瓶、盐瓶（或五味架），在烟灰缸的左侧。

(13) 摆牙签筒，在胡椒瓶的左侧。

(14) 摆花瓶，在烟灰缸的上方，桌的中间。

(注意：也可增摆主菜叉、刀，叉摆餐盘左，刀摆餐盘右。)

（三）餐巾折花

1. 餐巾花的种类

(1) 花草类：牡丹、马蹄莲、荷花、兰花、马兰花、玉兰花、仙人掌、灵芝草等。

(2) 飞禽类：凤凰、孔雀、鸽子、鸵鸟、云雀、金鸡、仙鹤、大雁、小雁、喜鹊、海鸥、鸳鸯、大鹏等。

(3) 蔬菜类：冬笋、白菜、卷心菜等。

(4) 走兽类：长颈鹿、熊猫、松鼠、玉兔等。

（5）昆虫类：蝴蝶、蜜蜂、蝉等。

（6）鱼虾类：龙虾、金鱼等。

（7）实物选型类：火箭、扇子、领带等。

2. 餐巾折花的基本手法

（1）推折。两个大拇指相对成一线，指面向外，指侧面按紧餐巾向前推折。

（2）叠折。将餐巾一折二、二折四，或折成三角形、长方形，要一次成功不能反复。

（3）卷。分直卷和螺旋卷两种，直卷餐巾两头要卷平。螺旋卷可折成三角形，餐巾边要参差不齐。

（4）翻拉。一手拿餐巾，一手将下垂的餐巾翻起一只角，拉成花卉，要拉挺。

（5）捏。用于折鸟的头部，捏住鸟颈的顶端，长指向下，将餐巾一角的顶端的尖角向里压下。

（6）穿。用筷子，一根、二根或三根，左手拿好折好的餐巾，右手拿筷子，将小头插进折缝中。一头顶在自己身上，穿好后把花放在杯子里，再把筷子抽出。

3. 基本要求

（1）操作前要洗手消毒。

（2）简化折叠方法，减少反复次数尽力一次成型。

（3）造型美观、高雅，气氛和谐。

（4）适应国内外发展趋势。

（四）斟酒

1. 酒具的种类

常用的有白酒杯、红酒杯、香槟酒杯、水杯和啤酒杯。

2. 开瓶的方法

服务员站在点酒宾客右侧，左手托瓶底，右手扶瓶颈，酒标朝向宾客，让宾客辨认，开瓶是斟酒服务的第一道程序，它标志着服务操作的开始。

3. 开瓶

开瓶要使用开瓶器。

（1）起子（扳手）开普通瓶盖。

（2）酒钻。开葡萄酒瓶塞用，螺旋部分要长，防止起不出来，动作要准确、敏捷、果断，防止突爆声。

4. 斟酒

方法有两种，即桌斟和捧斟。

（1）桌斟。服务员站在宾客的右边，侧身用右手握酒瓶向杯口倒酒水。瓶口与杯口保持1厘米的距离。斟八分满为宜，每斟一杯酒后，持瓶的手要顺时针旋转一个角度，同时收回酒瓶，到下一位宾客的右侧。不能站在一个位置给两位客人斟，不能左右开弓，瓶口要用布巾擦一下，不能滴在客人身上。

（2）捧斟。用于酒会和酒吧服务，方法是一手握瓶，一手将酒杯捧在手中，站在宾客右侧，向杯内斟酒。然后将斟酒的酒杯放在宾客的右手处。要准确、优雅、大方。

斟啤酒时泡沫多，速度要慢，让酒沿杯壁流下。瓶子不能搭在杯口上。

斟酒应从主宾开始，按男主宾、女主宾、主人的顺序向左绕餐台依次斟倒。两个服务员斟酒时另一个服务员从副主人一侧开始向左绕台进行。

（五）分菜（派菜）

这是宴会、便餐服务的基本功，目前多实行分餐制，分菜越来越重要。分菜要懂得菜肴制作外形和分解方法，如鱼、鸡等。不能把头尾分给一个人，要搭配均匀。派菜时应先将菜肴上桌让宾客观赏后再分派。可在桌台面上分，也可拿下在接手桌上分派。

中餐宴会服务

（一）概论

中餐宴会，又称筵席。主、客共同用餐，菜点有一定的格式和质量要求，按菜点科学排列的顺序和礼貌递送上桌服务。服务要求是全过程的。有热烈的气氛，场地的选择要适当，布置要隆重得体。服务要求标准化、规格化，菜点的质量有较高的水平，加工、摆设讲究艺术性、美观性。使主客进餐形式活跃，气氛和谐。宴会分为国宴、正式宴会、便宴、家宴、工作进餐等形式。

宴会的布置。要体现隆重、气氛热烈，可摆放彩灯等，以体现民族特色。中餐宴会一般都用圆桌。台形的次序是：中心第一，先左后右，重近次远。

席桌的摆法。要整齐划一，做到桌布一条线，桌腿一条线，花瓶一条线，主桌突出，各桌主位能互相照应。

有些国家信奉基督教、天主教、佛教，他们忌讳“13”，因此现在所有饭店都不用“13”，房间也不排“13”。

宴会席位的安排。我国宴会用圆桌，主人的座位在正中，面向大门能看到宴会厅的全貌。主宾坐在主人的右侧；副主人坐在主人的对面；也有为尊重客人，正中位让给客人，主人则坐在主宾的位置上。一般都由接待单位安排，服务员掌握以便于服务。安排方法如图 12–1 所示。

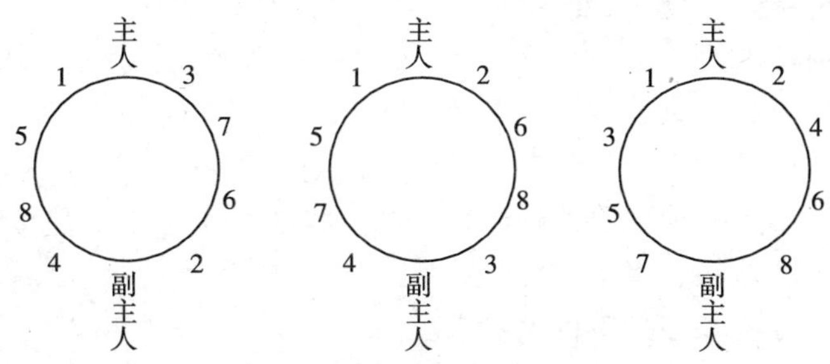

图 12–1　宴会席位安排方法

中餐宴会上菜的一般规律：先冷后热；先荤后素；先咸后甜；先淡后浓；先菜后点心；最后上汤。中餐宴会服务的注意事项有：

（1）宴会开始时，先将桌号牌、花瓶撤去。

（2）所有餐具、酒具不能用有破损的，一般宴会要准备四套以上吃盘，根据菜肴的情况换骨盘。

（3）宴会一般应上三次小毛巾，分别在开餐前、上汤后、上水果后。

（4）上最后一道菜时，应向主人报告："菜上齐了。"

（5）烟缸有两个以上烟头时应撤换，换时应将清洁的烟缸扣盖在有烟头的烟缸上一同拿下桌，防止烟头散落，再把清洁的烟缸放回桌上。

（6）主、客离席祝酒时，服务员应托两种以上酒水跟随在后，以便随时续酒。

（7）遇有找人时，不能大声呼叫，应走近被找人身旁，俯身相告。

（8）宴会进行中对所有餐具、食物都要轻拿轻放，避免发出声响。

（9）随时注意宾客表情动向，适时问清需要什么，灵活处理台面事项。

（10）对醉酒或身体不适的宾客妥善安排适当地方休息。

（11）宴会服务要求服务员做到"四平"、"八稳"。

"四平"：桌椅放得平；餐具摆得平；上菜端得平；撤盘拿得平。

"八稳"：说话要稳；动作要稳；走路要稳；上菜要稳；摆台要稳；斟酒要稳；撤盘要稳；收尾要稳。

（12）宴会结束后必须做的工作有：①将所有用过餐酒具撤至洗涤间清洗；②清理台面、地面的卫生，保持清洁的环境；③关好门窗；④检查安全、灭火、锁柜、关闭电源；⑤锁好房门；⑥与值班人员交好班，方可下班。

（二）优质服务安全操作项目

宴会服务体现饭店较高的服务技能水平和素质，是饭店的重要服务标志，要精心组织实施。具体操作项目如下：

1. 接受任务、掌握情况（要有订餐单）

（1）知主客单位、身份、国籍。

（2）知宴请标准。

（3）知宴请人数、桌数。

（4）知宴请时间。

（5）知宴请菜点品种、出菜顺序、食用方法。

（6）知用酒、饮料、水果品种、数量。

（7）知结算方法和主办单位负责人。

（8）了解主客风俗习惯。

（9）了解主客生活忌讳。

（10）了解主客特需要求。

2. 布置宴请场地

（1）布置清整休息室，摆沙发、茶几。

（2）备茶具、茶壶、茶杯、茶叶。

（3）备衣帽架。

（4）布设宴请场地，圆桌 1 张（10 人）。

（5）椅子 10 把，检查有无不牢的。

（6）台裙 1 套。

（7）台布 1 块。

（8）转盘 1 个，检查是否灵敏。

（9）接手桌 1 张（或服务车 1 辆）。

（10）屏风 2 个（备用）。

（11）大托盘 2 个。

（12）小托盘 2 个。

（13）检查灯光。

（14）检查空调。

（15）检查音响、电视。

（16）检查电话。

（17）通风换气、喷洒清洁剂。

（18）清整洗手间、放香皂、毛巾、卫生纸。

（19）选好走菜路线。

3. 摆台（按 10 人一桌）备餐、酒、用具

（1）吃盘 50 个（公盘、换盘）。

（2）汤碗10个。
（3）小汤匙10把。
（4）汤匙垫10个。
（5）筷子10双。
（6）筷子架10个。
（7）筷子套10个。
（8）长把勺10个。
（9）白酒杯10个。
（10）红酒杯10个。
（11）啤酒杯10个。
（12）冰激凌杯10个（按季节需要准备）。
（13）烟灰缸10个。
（14）牙签筒2个（或放牙签）。
（15）茶壶2把。
（16）茶杯10个。
（17）茶杯垫10个。
（18）热水瓶2个。
（19）调料碟10个。
（20）洗手盅10个。
（21）饭碗10个。
（22）大汤匙2把。
（23）冰激凌匙10把。
（24）水果盘2个。
（25）水果刀10把。
（26）水果叉10把。
（27）调味架1个。
（28）花瓶1个。
（29）桌号牌1个。
（30）名卡10张。
（31）菜单2张（也可备10张，每位宾客1张）。
（32）香烟（按要求品种、数量摆放）。
（33）火柴（或打火机）。
（34）口布10块。
（35）香巾40块。
（36）香巾垫10个。

(37) 香巾夹2个。

(38) 冰夹2个。

(39) 酒钻2个。

(40) 瓶起子2个。

(41) 冰桶2个。

(42) 餐纸1包。

以上瓷器约150件，玻璃杯40个，其他用品170件。摆台时要按程序操作。

4. 备酒、饮料、水果（按要求准备）

目前一般主办单位不提前预订，更多准备品种，待宾主选用。

(1) 白酒：高档酒如茅台、五粮液等，一般酒如京酒、红星御酒等。

(2) 红酒：红葡萄酒、白葡萄酒等。

(3) 啤酒：青岛啤酒、五星啤酒、燕京啤酒等。

(4) 饮料：椰汁、可乐、雪碧等。

(5) 水果：香蕉、橘子、苹果、西瓜等。

5. 口布折花

(1) 选干净、挺括的口布，一次成功。

(2) 按餐别、主位突出、美观大方，造型逼真生动。

(3) 餐巾花分杯花和盘花，视情况而定（一般中餐常用杯花，西餐常用盘花）。

6. 宴前主管检查（部门经理应到场检查）

(1) 检查摆台。有无漏项。

(2) 检查卫生。有无不清洁的地方。

(3) 请主办单位负责人做最后检查许诺，使各项准备工作达到标准。

(4) 向主管或经理报告一切就绪，做最后的检查，发现问题，迅速补做。

7. 迎宾服务

(1) 站在门口，热情迎接宾客，用好敬语，引宾入座。分清主宾、主人。

(2) 为宾客接拿衣帽并妥善挂好。

(3) 宾客到达前，先用少许开水沏开茶叶。

(4) 宾客到达休息室时即加满开水，马上为宾客倒茶。

(5) 上香巾，用香巾夹递给宾客或放在盘中。

(6) 视情况可为宾客点烟。

8. 席面服务

(1) 宾客到齐入席时，轻轻拉椅，请宾客入座，坐稳坐好。

(2) 宾客坐好后撤去桌号牌。

(3) 宾客坐好后撤去花瓶。

（4）宾客到齐后可以撤去名卡。

（5）上茶。

（6）铺餐巾，铺在客人腹前膝上或递给宾客。

（7）脱去筷套。

（8）征求主宾喝什么酒。

（9）主宾点酒后，持酒并请宾客观赏允许后再开启瓶。

（10）倒饮料，要有三种以上，询问宾客饮用哪种后再斟饮料，以八分满为宜。

（11）斟酒：从主宾开始，按男主宾、女主宾、主人的顺序，向左绕餐台依次斟倒。

（12）斟酒应先斟葡萄酒，站在宾客的右侧斟，斟完一位要走到下一位宾客右侧再斟。

（13）宾客站起敬酒时，要为主宾、主人拉椅，要轻、稳、安全。

（14）宴会开始后，要看台，随时为宾客斟酒、倒饮料和处理台面的其他事项。

☞ 9. 上菜服务（上菜不准推盘）

（1）上凉菜，在开宴前 10 分钟上桌。

（2）上热菜，按宴会菜单的顺序上。凉菜吃到 2/3 时，即可开始上热菜。

（3）上菜速度，一般吃凉菜 15 分钟左右上热菜。头道菜上后停 15 分钟左右，再上第二道菜，以后各道菜一般间隔 10 分钟左右即可（按当地习惯上）。

（4）上菜位置，在陪同人员坐位之间，每上一道菜将前一道菜移至副主人一侧，将新菜放在主宾、主人面前，以示尊重。

（5）上菜有配料和调料时，先上齐配料和调料，然后再上菜。

（6）上菜时要报菜名，简要介绍特色、典故。

（7）上整只鸡、鸭、鱼时，头不可朝向主宾、主人，“鸡不献头，鱼不献脊”的要求。鱼腹可朝向主宾、主人。

（8）撤盘（撤盘不准拖盘）上新菜之前可撤空盘、少量菜肴的盘，要征询宾客意见。也可将少量菜肴换成小盘。

（9）换餐盘。至少换 3 次，重要宴会每道菜换一次。换盘要待宾客盘中食物吃完再换，如宾客放下筷不吃了，可征得宾客同意后再换。

（10）分菜。分派要均匀，分派前要放在主宾主人面前展示欣赏后再分派。方法：一种在台面上分，一种拿下在服务桌上分派。可留 1/10，放回餐桌上，以备添加。

（11）分汤。在服务桌上分派，送至宾客面前，上汤要稳。

（12）上点心、主食，安排在菜与菜之间进行，主菜上桌后，即可安排上。

(13) 上甜食。冰激凌、烩水果、奶酪等。视吃完主食时上。

(14) 上水果。按食用的水果，上水果刀、叉。

(15) 上洗手盅。食用手扒食物时上。洗完手后即可撤去。

(16) 换烟灰缸。烟缸内有两个烟头时就要换。方法：用干净的烟灰缸扣住有灰的烟缸一起拿下后再把干净烟灰缸放回桌上。

(17) 送香巾。宾客落座送一次，吃完海鲜类送一次，吃完水果送一次。

(18) 送餐巾纸。现在宴会摆餐巾纸，可视宾客使用情况随时补充。

(19) 上最后一道菜时，应向主人告知菜已上齐了，同时问主宾、主人还需要什么。如有需要则及时为宾客添加。

(20) 宾客吃完饭后，适时送上热茶。

(21) 宾客吃完水果后，摆上鲜花，以示宴请结束（可按宴会规格灵活处理）。

(22) 宴请中找人。宴会厅外有找宾客的，应将手中物品放下，走向宾客轻声告知，切勿高声，以免影响气氛。

(23) 随时机动处理台面事宜，如撤汤、餐具失落、小孩加高座位等，处理得体自然。

10. 送客服务

(1) 结账。列清单请主办负责人审查签字，或引客到服务台结算，并征求意见。

(2) 拉椅。当主人宣布宴请结束，宾客起身时，要迅速拉开坐椅，协助搀扶老幼安全离座。

(3) 提醒宾客带齐携来的物品，防止遗漏。

(4) 取递衣帽，准确地将衣帽递送给宾客，并视情形协助穿戴。

(5) 送宾客至餐厅门口，用适当敬语感谢宾客的光临，欢迎再来。当宾客主动与服务员握手时，可握手道别。

(6) 检查收台，当宾客出餐厅后即可开始检查台面有无未熄灭的烟头，有无宾客遗留的物品，如有立即追送或上缴。然后按先餐巾、银器，后酒水杯、瓷器、刀叉、筷子的顺序收台，当场清点贵重餐具。

(7) 清理现场，搞好地面卫生，将桌椅复位，重新布置好，以备使用，绝不能放置不清理而下班。

(8) 做好宴会汇报记录工作。包括宾客对宴会的评价和发生的各种情况及耗用各种酒水、物品等，并向领导报告。

(9) 经领导检查，各项清整工作合格后，关好门窗，切断电源，熄灭火种，保证安全，方可离去。

西餐服务

（一）西餐便餐服务

1. 早餐服务

（1）菜点品种。早餐分为美国式和欧洲式（又称大陆式）两种。

美式：

第一道：果汁。如橘汁、番茄汁、葡萄汁等。

第二道：鸡蛋。如煎蛋、煮蛋、炒蛋等。

第三道：面包、牛奶、黄油、果酱等。

第四道：咖啡、红茶。

欧式：

第一道：果汁。

第二道：面包、牛奶、黄油、果酱等。

第三道：咖啡、红茶。

早餐要准备麦片、酸奶、牛油、肉、鱼类，以备宾客选用。

（2）早餐摆台。一般用长桌，也可用方桌。摆台的方法：餐刀放在客人的右手边，刀口向左，离台边 3 厘米。餐叉放在客人的左手边，叉尖向上，离台边 3 厘米。餐碟放在刀与叉的中间。面包盘放在餐叉的左边，黄油刀放在面包盘上。茶杯碟放在刀的右边，杯耳及茶匙把向右，水杯放在刀尖顶部。糖盅、胡椒面瓶、盐盅、烟缸放在餐台的中间位置，餐巾放在刀、叉之间。

（3）服务程序。

1）送上饮料。

2）递送菜单（介绍现有新鲜水果）。

3）记下菜单，并问清喜欢哪种烹制方法，如鸡蛋是一面黄还是两面黄、是嫩一点还是老一点等，之后把菜单送入厨房。

4）备好食物配料放在餐桌上。如黄油、牛油、果酱等。

5）给宾客送上所需要的食物。

6）添咖啡、牛奶和红茶。

7）征求宾客意见。

8）如宾客不结账，要问还需要什么服务。

9）结账后要向宾客致谢，并向宾客表示希望其再次光临。

10）宾客离席时服务人员要说“再见”。待宾客走后再收拾餐具。

2. 午餐、晚餐服务

（1）菜点品种。

午餐、晚餐一般为 3~4 道。

第一道：汤（或者热餐前小吃）。

第二道：鱼或虾。

第三道：烤或扒菜，如烤猪排、牛排等。

第四道：水果或甜食。

（2）服务程序。

1）给宾客斟上开胃酒或饮料（鸡尾酒、白兰地、味美思等）。

2）送上菜单。

3）记下宾客点的菜（注意要向宾客重复一遍），送厨房和账台。

4）给宾客送上面包、黄油。

5）送上开胃冷盘。

6）送沙拉。

7）送主菜（如沙拉未用完，可移向左边，用完可收去），并为宾客斟酒。

8）宾客吃完后，收去桌上所有碟子和剩余食物及调味品。

9）上甜点和咖啡。

10）送上餐后甜酒或为其添咖啡。

11）征求宾客意见，问宾客还需要什么服务。

12）给宾客送上账单，收款并要向宾客致谢。

13）为宾客送行并说：“再见。”

（二）西餐宴会服务

1. 席次安排

西餐宴会一般用长方台，有时也用圆桌。一般安排是：主宾不管是男性还是女性要坐在主人或女主人的左侧，主宾的夫人应坐在主人的右侧。常见席位排法见图 12–2、图 12–3。

2. 上菜的顺序与服务方式

西餐宴会用餐一般是由厨师先把菜点装在小盘内，然后由服务员按照女主宾、女宾、男主宾、男宾、男主人的顺序从左边派送给客人，每人 1 盘，菜放置正中，然后由宾客用匙、刀、叉进食。

由于宴会标准和要求不同，菜点品种、道数和使用的餐具、酒具也不相同。在此只介绍一般西餐宴会菜点和酒水的服务方式。

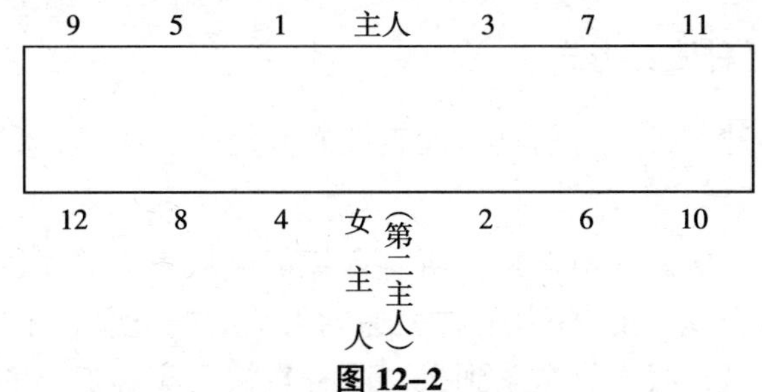

图 12–2

注：此种排法谈话方便，不要把宾客排在末端，应由陪同人员在末端。

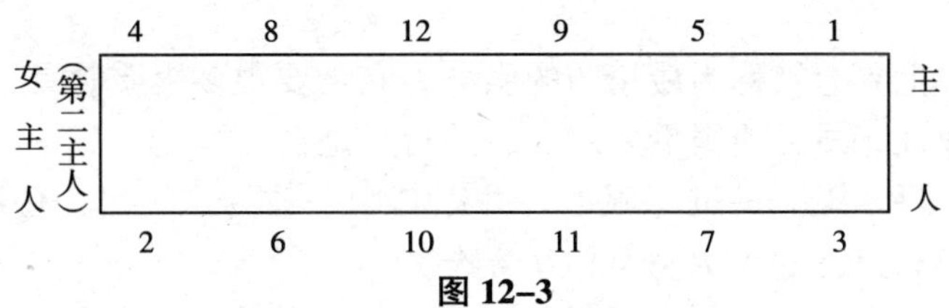

图 12–3

注：这种排法，是设两个谈话中心。可避免宾客坐在末端的问题。

第一道：果盘。一般装有沙拉、海味、西红柿等，食用时用中刀、中叉。

第二道：上汤。汤有清汤与浓汤，喝汤时用大汤匙。

第三道：鱼或虾。吃鱼、虾时，用鱼刀、鱼叉。

第四道：上小盘（也称副菜）。用 8 寸盘装，它是两道正菜间的小菜，一般为烩菜，如红烧牛肉等。吃小盘时，用中刀、中叉。

有的宴会，在上小盘之后会上冰淇凌，让客人爽爽口再上下道菜。

第五道：上大盘（也称主菜）。用 9 寸盘装，大盘是指煎、烤、焖、烧一类的肉菜，如煎猪排等，在旁边摆些西红柿、黄瓜等。吃主菜时用大刀、大叉。喝香槟酒，也可以斟红葡萄酒，同时还可上沙拉。此时宴会进入高潮。

第六道：上甜点、水果。点心有冷点和热点，也分干点心和水点心。吃干点心时，用小刀、小叉。吃烩水果时用茶匙，此时还可上乳酪，宾客喝红葡萄酒或玫瑰酒。

第七道：上咖啡和红茶。同时放上牛奶和方糖，由宾客自己调配，宾客饮食后，可以斟白兰地等酒。

面包和奶油应在宾客进入宴会厅前摆好。

如果宾客把刀、叉合并或交叉放在盘内，这表示宾客进餐完毕，服务员收去刀叉和菜盘，如果刀、叉分开放，则表示宾客还需进餐，不可收盘。

（三）西餐的三种服务方式

西餐服务有多种方式，目前具有代表性的有美式、法式和俄式三种。

☞ 1. 美式服务

美式服务比较简单，其特点是：所有食物都应从宾客的左边上，并用左手递上桌，而饮料都要从客人的右边用右手递给客人，撤盘则一律从宾客的右边进行。菜点由厨师装盘，服务员送菜到桌，服务较快。宾客点菜的同时，服务员要把冰水倒入宾客水杯。

☞ 2. 法式服务

法式服务在世界上被称为最精巧的服务，它需要很多银质餐具，服务人员均经过严格的专业训练，目前很少采用。它的特点是：

（1）每桌由两名服务员进行服务，并以其中一位为主，另一位服务员协助，每位服务人员都有自己的职责，但相互合作。

（2）所有食物都经厨师加工后放在银盘里，由协助服务的服务员端入餐厅，放在桌边的小推车上，再由主要的服务员把盘内菜肴分派给每位宾客盘内。小推车上要铺台布，并放一个酒精炉，酒精炉是为加工食品和食品保温准备的。部分食品（如牛排、煎饼、咖啡等）从厨房端出时是半成品，要由主要服务员在宾客面前再加工烧煮。

（3）除面包、沙拉要放在宾客左侧外，其余食品一律从宾客的右侧送上，右侧撤下。酒和主菜需经主人认可后方可开瓶、派菜。派菜时叉、匙要放在盘内，由宾客自由品尝菜肴，但像鱼块、牛排等应主动派给宾客。

（4）在餐厅开门时或宴会开始前，要把倒置在餐桌上的水杯翻过来，不要等宾客入座后再翻，否则会使宾客认为餐厅不愿意或不准备为他们服务。

☞ 3. 俄式服务

俄式服务主要的特点是服务周到，规格较高。俄式服务常被称为公平式服务。

（1）所有食物均在厨房内加工好并整齐地码放在银盘中，由服务员取出来放在餐厅的边桌上。

（2）用餐开始时，服务员按顺时针方向，将空盘从每位宾客的右侧码放在宾客面前。再按逆时针方向，用大号叉和匙从左侧将食物分派到宾客餐盘内。服务只需一位服务员，服务较简便。

（3）俄式服务劳动量大，多使用银质餐具，成本较高。

五 零点服务

要求：掌握服务技巧，向宾客提供周到的服务；迅速利落，不使宾客久等；环境优雅。

（一）餐前准备

（1）整理餐厅，餐桌、椅，使其横成行、竖成线。

（2）清扫餐厅卫生，保持清洁整齐。

（3）备齐码好开餐用的各种餐具。

（4）铺好餐桌台布，放好桌号牌。

（5）检查空调、灯光有无障碍。

（6）备齐点菜单、复写纸、圆珠笔等。

（7）了解掌握备餐情况，核对当餐菜单，熟记品名、规格、价格，口味特点及烹饪所需要的时间。

（8）按规定着装、工作服及工作号牌。

（9）开灯、开门，站在自己负责的区域前，面对来客方向，准备迎接宾客用餐。

（二）零点用餐服务

（1）微笑迎客。与宾客打招呼，如“您好”、“早晨好”、“午安”、“欢迎您来用餐”等，同时问清有几位客人，并记住宾客的特征和姓名，以便下次再来时能称呼宾客。

（2）引坐。按宾客人数、据餐厅用餐客人的情况将宾客带到适宜餐位，绝对不要让宾客坐在脏桌位或还没有撤走用过碗盘的桌位上。

（3）拉椅让座，拉出餐椅请客人入座，遇到带小孩的宾客时，把专用椅或较高的椅子给小孩坐。

（4）上毛巾，根据宾客人数将小毛巾放在盘内放在餐桌上示意宾客自取，也可以分给每一位宾客。

（5）给客人倒茶，杯中茶以倒八分满为宜。

（6）递送菜单，将菜单递给宾客点菜。

（7）接受客人点菜，介绍菜单给宾客当参谋，帮宾客点菜，向宾客推荐时令菜，并在点菜单上填好桌号、人数、日期。

（8）记下宾客所点的菜，注意重复一遍，避免差错。

（9）问清宾客要饮用的酒、饮料的品种规格、数量。

（10）给宾客摆上餐具、酒具、根据宾客点菜和饮用酒水摆上需要餐、酒具。

（11）将宾客用过的小毛巾收走。

（12）上小菜。

（13）上酒水，将酒水放在桌子上打开瓶盖，并为宾客斟第一杯酒（也可由宾客自斟）。

（14）上菜饭，按先凉菜后热菜，之后上饭上汤的顺序依次为宾客上齐所点的菜饭，在上最后一道菜时告知宾客菜已上齐，并询问宾客是否需添加菜肴。

（15）收空盘或吃碟，随时注意用餐情况，宾客吃过的空菜盘随时撤下来。盛放骨头或鱼刺等杂物的碗碟适时撤换。

（16）上水果。

（17）送上小毛巾，送上热茶。

（18）结账。将计算好的账单交给宾客收款找零。如是记账请客人在账单上签字。

（19）征求宾客意见。

（20）宾客站起时为宾客拉椅并谢客。

（21）将客人送至餐厅门口，开门送客并说“再见”。

会议、团体用餐服务

要求：服务迅速，客人一到餐厅就能用餐，重点服务，对特殊顾客如年老、多病、少数民族等，要由专人负责服务；照顾大多数人的口味，增添调味品供应。

（一）餐前准备

（1）整理餐厅桌椅，使横成行、竖成线、整齐划一。

（2）清扫餐厅卫生，使其达到标准。

（3）备齐开餐用的各种餐具。

（4）铺好餐桌台布，放好桌号牌。

（5）了解会议、团体就餐人数、开餐时间和就餐标准，将会议、团体宾客的就餐桌位预先摆好并写好会议、团体名称的号牌放在餐桌上。

（6）了解厨房备餐情况，了解会议、团体的菜点数量、品种和菜名。

（7）备齐所需用的酒水、水果等。

（二）会议、团体用餐服务

（1）微笑迎客和宾客打招呼，如“您好”、“早晨好”、“午安”、“欢迎您光临”等。

（2）带位，根据宾客的队别，将宾客带到预先准备的餐位上。

（3）拉椅让座，为宾客拉出餐椅请宾客入座，遇带小孩的宾客把专用椅搬给宾客用。

（4）送上小毛巾，收餐券或清点人数（记账者）。

（5）给宾客倒茶，杯中茶以斟到八分满为宜。

（6）斟酒水，遇有用酒水的团队，将酒水放在餐桌上为宾客斟第一杯酒水，而后将未斟酒水开启瓶盖，放在餐桌上由客人自斟。

（7）端菜饭上桌并介绍菜肴特色。

（8）巡视宾客用餐情况，及时添加主食。

（9）上水果，遇有水果供应的团队应为宾客上水果，并配备水果刀、叉等器具。

（10）察看茶壶，续满茶水。

（11）上小毛巾。

（12）征求宾客意见。

（13）宾客站起，为客人拉椅、道谢。

（14）送客，拉门并说“再见”。

（15）检查有无宾客遗失文件物品，如有立即送还。

（16）清点餐券或通知账台就餐人数。

七 酒吧服务

要求：创造优雅环境，使客人满意，工作井井有条，热情、周到、迅速。

（一）班前准备

（1）打扫整理卫生，使之达到标准。

（2）领齐备足酒水，将用品码放整齐，擦干净。

（3）将酒吧间桌椅摆放整齐。

（4）检查灯光、空调、音响有无障碍。

（5）开门、开灯、开空调、开音响，站在酒吧柜台内迎接客人的到来。

（二）酒吧服务方式

（1）笑脸迎客，诚挚致意，对宾客说“欢迎光临”。

（2）问清人数，引到合适的席位上，注意先请女宾坐下。

（3）把酒单、餐牌从宾客左边递给宾客，将当日特色菜推荐、介绍给宾客。

（4）听候点酒点菜，记录宾客的需要。写完后，要把宾客所点饮料食品重复一遍，并表示谢意。

（5）为了不失礼貌，调酒员转向取背后架上酒盖瓶时，要斜着身取，不要背向宾客。

（6）上饮料要从宾客右侧上，若必须从宾客左侧上时，要说声“对不起，失礼了”。

（7）宾客付款时要唱收唱付，如付款的宾客醉了，唱收时要让他的同伴听见，以免发生纠纷。

（8）不能因宾客醉了而采取轻慢态度，在任何情况下，都以礼待人，酒醉宾客离桌要保持其食品的原样。

（9）送客，并说“欢迎再次光临”。

（三）送酒方法

（1）托盘时，高装瓶子等易倒物品要放在贴身一侧，等外品的酒要放在易取的位置。

（2）向宾客面前送单杯酒时不要端得很高，要由低处向高处，慢慢送到宾客面前。

（3）开瓶前，应左手托瓶底，右手扶瓶口，酒标面向宾客，将酒送给宾客查看，征得同意后再开瓶。

（4）斟酒前，可先倒一点酒到评价或点酒人的杯子里。让他试酒，评价认可满意，示意后就可为宾客斟酒。

（5）斟酒时，先女后男，先宾后主。操作时注意让酒标朝上，使宾客容易看到。斟完酒后一定要记住转动瓶子收酒。

八 咖啡厅服务

要求：环境优雅，清洁卫生；坚持服务规格和质量，主动推荐酒类饮料；服务迅速，方便宾客。

（一）早餐服务

（1）迎客入厅，微笑问“早晨好”。
（2）问清人数，引客到适当的餐位。
（3）拉椅让座。
（4）给宾客倒水。
（5）送上菜单，请宾客点菜。
（6）接受点菜。
（7）按菜式摆位。

（二）午餐、晚餐服务

（1）迎客入厅，微笑问“您好”。
（2）问清宾客进餐人数。
（3）引客到适当餐位。
（4）拉椅让座。
（5）斟上冰水。
（6）送上茶单。
（7）接受点菜，注意重复一次。
（8）按菜式摆位。
（9）上面包和黄油。
（10）按宾客要求上酒。
（11）上汤。宾客用完后撤汤盆。
（12）上主菜。宾客用完后撤盘。
（13）上冷饮、甜食。
（14）上咖啡和茶。
（15）结账。
（16）拉椅送客。
（17）清台。

九 冷餐酒会服务

冷餐酒会有设座和不设座两种形式。不设座的立餐，宾客采取自助形式就餐，其原则是宾客自我服务。这种形式一般适用于庆祝会等纪念活动。设座的冷餐酒会一般适用于招待会、欢迎会等。

要求：会场布置隆重得体，富有热烈气氛；菜点丰富，拼摆艺术，便于自取；统一指挥，服务迅速，有条不紊；重点服务，照顾老弱。

（一）餐桌布置

（1）在餐厅中央或一侧布置大型长台。

（2）在长桌上放各种小菜、色拉、冷菜；各种炖（焖）热菜、烤牛肉等；各种餐后点心、水果等。

（3）摆放各种餐具饮料杯等（各种餐具的数量约来客总数的三倍）。

（4）周围的小桌子上摆放桌花、烟缸、火柴、香烟、牙签等。

（5）餐厅的四周摆放椅子。

（6）在餐厅一角或一侧设置酒吧。

（7）备好签到处用品。

（二）开宴准备

（1）在入口处设主办单位列队欢迎的地方，摆放屏风，铺地毯，必要时给欢迎行列进行聚光照明。

（2）宾客入场时，服务员一部分排列在入口附近欢迎客人的同时不断地将宾客引进场内。

（3）为宾客接挂衣帽。

（4）主管在入口处掌握宾客人数，随时通知厨房上菜的速度与酒会进行的速度相适应。

（三）服务方式和程序

（1）宾客进入餐厅后，服务员应先将鸡尾酒和餐巾递送给客人，并对宾客说："欢迎您，请（喝酒）。"

（2）有些客人对自取方式不习惯，服务员应主动地送酒送菜加以照顾。

（3）宾客自取食物，公用叉勺容易弄脏，调味汁容器外围易滴上汤汁，服务员应随时换叉勺或擦干净，以免宾客觉得很脏。

（4）大托盘内的食物用到一半时应马上添满，不使宾客感到不丰富。

（5）迅速收拾用过的餐具不要惊动宾客，尤其是应避免与宾客相撞，在拥挤地方必须过路时说："请让我过去一下，谢谢。"

（6）酒会中每位服务员应坚守在自己分管的位置上，勤巡视，递送酒水和食品。

（7）对在四周椅子上坐着的老年人和病弱者要特别给予照顾，随时为他们服务。

(8) 酒会进行后半段时不能松懈，应更高度重视，提供优质周到的服务。

(9) 酒会结束时要列队送客，帮递衣帽。

(10) 宾客退场完毕收整场地。

送餐服务

要求：重点服务，关心病残；耐心细致，体贴入微，满足需求。

送餐服务是餐厅服务的一项重要内容，它体现了对老、弱、病、残的特殊照顾关怀，一般都能收到较好效果，必须认真做好。

(1) 接受订餐。对需要送餐服务的，要问清宾客用餐的时间，记清菜肴的名称和数量，当面向宾客重复一遍，防止差错。

(2) 将送餐餐单交厨房，按时备餐。

(3) 在送餐前，应在宾客用餐处按用餐所需用餐具摆台。

(4) 送餐，要特别注意，按宾客预订的时间送到，保证客人准时用餐。

(5) 询问宾客还需要的服务。

(6) 征求宾客的意见和要求，要尽力满足这些宾客的用餐需求。

(7) 宾客用餐完毕后应出示账单收费，如遇记账总付者，请客人签字。

(8) 收台，搞好用餐后的清洁卫生。

第十三章 歌舞厅服务

歌舞厅一般为举办交谊舞和迪斯科舞的场所，高级饭店都有歌舞厅的设置，它能丰富宾客的娱乐活动，使宾客借此活动达到轻松精神、消除疲劳的目的；同时饭店也扩大了经营范围，增加了营业收入。

服务程序

（一）准备工作

（1）认真清扫场地卫生，使每个角落清洁明亮，无尘、无杂物。

（2）按要求布置舞场，准备好乐队用桌椅及其用具。

（3）检查电源、灯光、音响，使其保持良好状态，随时投入使用。

（4）检查安全设施，保持通道畅通无障碍。

（二）迎客入场

（1）歌舞厅一般都是凭票入场，服务员站在门口迎接客人认真严格验票，防止无票者混入造成混乱。

（2）维护秩序，及时疏导宾客防止拥挤。

（3）对迟到的宾客要引导入场到适当位置上。

（4）为客人接挂衣帽。

（三）歌舞会进行中的服务

（1）在场内进行巡视，严格执行场内规定特别是严禁吸烟。

（2）解答客人提出的问题，处理客人提出的要求。

（3）准备好开水和饮料以备客人需用。

（四）歌舞会结束时的服务

（1）歌舞会结束时为客人开门。
（2）为客人递衣帽。
（3）疏导客人安全退场。
（4）检查熄灭火种清场。
（5）检查有无宾客丢失物品，如有设法送还。
（6）进行两次防火安全检查。
（7）切断电源。
（8）关好门窗。

设备操作程序

（1）所有设备由专人负责管理操作，其他人不得启动。
（2）每日上班后先检查设备的完好状态，查看有无异常现象。
（3）检查电源电路的完好程度，确定是否能够接通启动。
（4）接通电源，检查设备，调整音质音量使其达到最佳效果。
（5）随时注视设备运转情况，凡设备开启不得离开场地，不得失控。
（6）使用完后立即切断电源，细心检查设备，发现问题及时修理，保证使用。

歌舞厅管理规定

（一）营业性歌舞厅必须具备的条件

（1）要有 60 平方米以上的固定场所。
（2）建筑要符合国家安全标准和消防安全规定，必须有两个以上的出入口，并保持畅通。
（3）消防设备齐全、有效设置得当。
（4）有同演奏演唱相适应的灯光、音响设备和固定的操作人员。
（5）管理人员应具有开展社会主义文化活动的政治素质、业务素质和艺术修养。

(6) 配有管理人员、服务员、保卫人员。

(二) 歌舞厅管理规定

(1) 建立各项管理制度和安全保卫制度，维护厅内秩序。

(2) 核定容纳人数售票，不得超员，一般每人不得少于 1.5 平方米。

(3) 聘用乐队、歌手必须经文化行政管理机关批准。

(4) 演奏、演唱的乐曲、歌曲，应属国家正式出版发行或经文化行政管理机关审定的。演奏、演唱、播放的乐曲，歌唱备有曲目单。

(5) 禁止售酒（啤酒除外），禁止提供与营业性质不符的服务项目。

(6) 禁止中小学生和学龄前儿童入场。

(7) 营业时间不得超过零点。

(8) 禁止雇用陪伴人员搞不健康、不文明的经营方式。

(9) 参加营业性舞会的人员必须做到：①遵守维护舞场秩序，禁止在场内喧哗吵闹、寻衅滋事、打架斗殴。②讲文明讲礼貌，尊重演奏人员和服务管理人员，自觉接受管理人员管理。③爱护公物设备，保持场内清洁卫生。

(10) 对扰乱秩序影响治安的，可送交公安机关依法处理。

(三) 歌舞厅服务设施要求

(1) 场外有经交通管理机关批准的机动车停车场和非机动车存车处。

(2) 设有供客人使用的桌、座椅。

(3) 设有衣物保管间和卫生间。

(4) 设有冷、暖和通风换气设备。

第十四章 会议服务

会议服务是招待所的重要服务内容，其最佳做法是：宾客到会场有人迎，进入会场有引领。会场桌椅摆放，横看成行，竖看成线。文具、茶具摆放整齐一致。倒水、续水、送毛巾严格时间限制，送时列队入场，面带微笑、举止大方、动作一致，速度相同、操作轻盈、语调温和。突出个性化服务及时掌握宾客需求，做好针对性服务。行为：一迎、一引、一行、一列、一线。

概论

会议服务是根据会议活动的具体内容、参加会议人员的身份、人数、会场的大小和参加会议人员的国家和地区的习俗等因素，对会场进行精心的布置。一个布置成功的会场应该是：隆重、美观、雅致。桌椅摆放主次分明，协调对称，视听效果良好，花卉点缀，有一个良好清新气氛的优雅环境。

（一）会议室的分类

（1）按会议室容纳人数分类：①小型会议室，可供 30 人以下的会议使用；②中型会议室，可供 30~100 人的会议使用；③大型会议室，一般能容纳 100 人以上；④礼堂，一般有固定坐位，能进行文艺演出、放映电影、举行报告会。

（2）按会议形式和内容，会议室可分为：①座谈式；②课堂式；③会谈式；④会见式。

（二）主席台的服务工作

主席台是会议服务的重点，应由两名服务员负责服务。

主席台的桌椅布置一般为单排或多排，两侧放记录桌。摆好后应请使用单位的承办人检查认可。按入座人数摆好椅子及其他用具，主席台两侧应放痰盂。

主席台人员进场前一般要在休息室休息，休息室应按会议要求摆设茶具，提前开门。由一位服务员在休息室门口等候，并对来宾进行服务（会中及会后服务工作如前面所述）。

（三）晚会的服务工作

一般晚会包括放电影、文艺演出和舞会等。

1. 准备工作

服务人员应了解主办单位举办晚会的形式、内容、人数、时间等，并提前做好会场的布置。

演出晚会的布置，文艺演出晚会要做好舞台和化装室的布置工作。一是舞台幕布、灯光、音响设备的检查和准备；二是道具的存放地点、位置；三是化装室灯光、用具的准备，要详细检查所需物品、设备是否齐全。

舞台的布置和舞场选择要适当，四周应准备足够的座位，准备好音响设备和乐队所需桌椅及用具，可按要求悬挂彩带、红绸和彩灯等。

准备工作完成后一定要请主办单位负责人检查认可。

2. 迎客入场服务

晚会一般是凭票入场的，一定要严格验票，防止无票者进入，造成混乱。对迟到的宾客要引导入场，服务员要注意维持秩序，及时疏导宾客，同时要在会场进行巡视，执行场内的各项规定。

3. 晚会进行中的服务

注意适时为宾客续水和清理茶杯。

4. 晚会结束后的服务

要及时开灯、开门、为宾客拉开门帘，疏导宾客安全退场。退场完毕要进行两次防火安全检查，并要认真检查有无宾客丢失的物品。

会议优质服务安全操作项目

优质服务表现为按要求准备、布置，要符合主办单位意愿，会前、会中、会议结束各项服务热情、礼貌、有序，各项用品准时到位。使会场保持清洁、整齐、舒适。

（一）掌握了解情况

（1）主办会议单位的名称。
（2）参加会议的人数。
（3）参加会议的主要领导人的姓名。
（4）所用会场的类型。
（5）举行会议的时间、场次。
（6）所用会场的价格及结算方式。
（7）会场布置的具体要求。
（8）主持会议的负责人和领导的生活习俗。

（二）会前准备

（1）制作悬挂会标、会徽。
（2）制作悬挂欢迎横幅或标语。
（3）按要求的会场形式布设桌椅、沙发。
（4）摆放设计精美的花坛、花卉。
（5）摆放茶杯、茶碟、茶叶。
（6）摆放饮料（按主办单位要求摆）。
（7）摆放干果、水果（按主办单位要求摆）。
（8）摆放烟灰缸。
（9）摆放火柴（打火机）。
（10）摆放毛巾。
（11）摆放便笺。
（12）摆放铅笔（圆珠笔）。
（13）摆放名签。
（14）摆放痰盂（主讲人处）。
（15）摆放话筒，调试音量适当。
（16）检查音响、视听设备，保持良好。
（17）检查电源，运转正常。
（18）检查灯光，保持所有灯具明亮。
（19）通风换气，保持室内空气新鲜。
（20）调整室内温度（24±2）℃。
（21）检查消防器材的位置及完好程度。
（22）检查安全通道，保持畅通。
（23）检查安全门，把所有的门锁打开。

(24) 清整会场所有用具用品的卫生，保持清洁。

(三) 清整卫生间

(1) 通风换气，去除异味。
(2) 喷洒清洁剂。
(3) 放小便池卫生球。
(4) 点香。
(5) 补充洗手香皂（或添加洗手液）。
(6) 补充卫生纸。
(7) 倒换卫生袋。
(8) 摆放小方巾（按要求摆）。
(9) 检查干手器，保持灵敏。
(10) 检查通风机，保持完好。
(11) 清洗洗手池、台，保持清洁。
(12) 清洗便池，无水锈、污垢。
(13) 清洗地面，无积水、杂物。
(14) 检查各管道水龙头完好，无损坏、无漏水。

(四) 备足开水

(1) 按会议人数备足开水，水温 90℃以上。
(2) 礼堂（大会场外）应备保温桶，备足开水。
(3) 备一次性杯子放在托盘上。
(4) 备水桶接水用。
(5) 备垃圾桶回收用过的杯子。
(6) 清整痰盂、垃圾桶，随时保持清洁。
各项准备工作应在开会前 20 分钟准备完毕。

(五) 入场时迎接服务

(1) 在开会前 20 分钟应将会议室门打开。
(2) 安排两名服务员站在门口迎接代表。
(3) 代表到达时问好。
(4) 搀扶老、弱、残上台阶进门。
(5) 为代表接拿或挂好衣帽。
(6) 引代表到预定的坐位上，动作要稳，保证安全。
(7) 代表坐定后，送上小毛巾。

（8）由主到次为代表沏茶。
（9）入场完毕后，关好门保持环境安静。
（10）掌握会场工作人员的位置以便保持联系。

（六）对主席台上的代表的服务

（1）凡在主席台上就座的代表，都要为其接挂衣帽，随其到座位上，为其拉椅让座。
（2）代表坐定后，即送上小毛巾。
（3）随即为其沏茶，要特别注意自带茶杯的代表。要征求其意见同意后再为其续茶。
（4）主讲人开始讲话时即为其沏茶。
（5）随时注意观察主讲人的饮茶情况，随时为其续茶。
（6）在一般情况下，第一次续茶在会议开始后 20 分钟左右进行，第二次起一般在 30 分钟左右进行。
（7）主讲人每换一位，应更换茶杯（禁止接用茶杯）。
（8）随时注意观察在主席台就座的代表的动向，随时为其服务和解决问题。

（七）开会过程中的服务

（1）坚守岗位、维护会场安静环境，无关人员不得入内。
（2）随时为会场出入人员开门。
（3）音响、灯光等要有专人值班，不得擅离岗位，保证会议顺利进行。
（4）有事找人时，服务员要通过会议工作人员联系，不能直接找或高声呼叫。
（5）与会务有关的电话，应与会议工作人员联系接听，不得随意处理，防止误事。
（6）适时续水。
（7）会间可视情况送小毛巾。
（8）适时补送热水瓶的开水。
（9）会间如休息应先清理废弃物。
（10）随时观察会议室温度及音响效果，并及时调整。

（八）会议结束时的服务

（1）会议结束时要迅速打开会议室的门。
（2）站在门口、欢送代表。
（3）为代表取衣帽并帮助穿戴。
（4）对年老体弱者，扶其下楼送至门口或送到车上。

(5) 填写使用会场结算单，请主办单位负责人签字或带至服务台结账。
(6) 征询会议工作人员意见，问清下次使用会场的时间和要求。
(7) 检查有无遗留文件物品，如有及时送还，无法送还的交会务组或保安部。
(8) 检查有无损坏丢失物品，如有应填报赔偿单，请会务工作人员签字结算。
(9) 熄灭火种，特别注意角落的烟头。
(10) 关闭音响、视听电源。

(九) 整理清洁会场

(1) 先将暖水瓶集中于开水间。
(2) 收茶杯茶盘，送消毒间清洗消毒。
(3) 收文具、杂物。
(4) 收烟灰缸。
(5) 清扫地面、碎纸、杂物。
(6) 将会议桌、椅整理摆齐。
(7) 整理沙发，注意缝中杂物。
(8) 清扫饮水处，清除废弃杯物。
(9) 将保温桶倒净、消毒。
(10) 清扫卫生间，倒纸篓，冲刷面盆、茶桶。
(11) 收回毛巾、香皂等。
(12) 检查各种设备设施有无故障，如有则应立即填报维修单，及时修复，不能影响下次会议使用。
(13) 对安全设施进行仔细检查，发现问题，立即报告。
(14) 环视会场整体状况，不符合标准、不协调的地方要重新补做整理，以下次会议能正常使用为准。
(15) 关闭空调。
(16) 关窗，拉好窗帘。
(17) 关灯、关闭电源。
(18) 关门、锁门。

(十) 记录填报

(1) 记录使用单位名称及人数。
(2) 记清使用会场的形状及特需要求。
(3) 记清主讲人的姓名、爱好，如喝什么茶等，以待下次会议进行针对性服务。
(4) 填报本次会议实际消耗的所有物品。

（5）填报结算单，记清应由会议单位支付的各项费用，杜绝遗漏。

（6）记清本次会议所发生处理过的事项。

（7）记清与会人员的意见要求，并报总服务台和主管领导。

重要会议的组织与服务

随着改革开放的不断深入、中国国际地位的提高，各种类型的国际盛会相继在中国召开。党中央、各民主党派中央、人大、政协及各级政府机关，每年都要举行各种类型的会议。承担这些会议的招待所、宾馆、饭店，务必高度重视、精心策划、严密组织，在新形势下为各类重要会议服务。

接待重要会议是一项政治任务。无论是重要的国际会议，还是重要的国内会议，都是关系到大局的政治任务，也直接关系饭店的声誉。因此，接待重要会议必须有高度的政治责任心，严格的接待程序和热情、精心、优质的服务，不仅要讲究经济效益，更重要的是讲究全局利益的社会效益，要集中全力接待好、服务好。

重要会议的组织领导一般是在大会总务组或会务组的领导下进行，重要会议由主办单位召开筹备会议，布置安排接待任务和要求。招待所则以总经理为首组成住地会务组，统一指挥，全面负责领导会议的接待服务工作。下设若干个小组，各小组的主要任务和守则是：

（一）安全组的主要任务

安全组由副总经理任组长，保卫部经理任副组长，各部门经理为组员。安全是第一位的，应事事细心，保证万无一失，没事当有事抓，小事当大事抓，确保会议安全。

（1）进行安全教育，普及安全常识，进行安全检查。

（2）制作证件，按会议要求使用大会证件和制作会议期间证件，组织照相。

（3）对招待所人员进行全面的政治审查，确保接待服务人员政治上可靠，特别要注重现实表现。

（4）与公安、交通等部门密切配合，保持周围安静、安全和良好秩序。

（5）安排好定位岗哨和巡逻人员，定时定线路检查，发现问题和隐患要果断采取措施，消灭事故苗头。

（6）协助交通警，管好会议车辆，划定停车地点，保持良好的交通秩序。管好自行车，一律存放自行车棚。

（7）接受公安、消防部门的安全检查，并陪同检查，对检查出的问题要立即报告总经理，并组织力量整改，使其符合规定要求。

（8）对重点部门、要害部位，加强监护，特别是楼层通道，要严格控制，非有关人员不准入内或串岗。

（9）协助大会安全组设立上访人员接待室，做好接待疏导工作。

（二）接待组的主要任务

接待组一般由前厅部经理担任组长，负责接待工作的安排。根据会议情况可设联络小组、礼宾小组、前厅服务小组、住房分配小组、账务小组、散客疏散小组。

1. 联络小组的工作

与大会会务组保持不间断的联系，按照大会会务组的要求及时传达、布置、安排、检查、监督各项工作，起指挥中心的作用，要求工作细致、热情、周到，严格电话记录，上报下达准确无误，做到指挥灵、行动快、不误事。

2. 礼宾小组的工作

（1）负责迎送标语、横幅、彩旗的制作、悬挂和接站牌的制作。

（2）负责去机场、车站接送代表及行李装运，负责沿途导游讲解。要求服务细致热情，不漏接，不错接，不丢不乱，不损坏行李，准时准点到位。

（3）随代表出行，保护代表安全，妥善果断处理各种情况，清点人数，不使代表漏乘或错乘。

（4）做好搀扶，照顾老弱，防止摔碰，细心照看。

（5）承办代表托办的事项，设专人负责，一包到底，办清办好。

（6）负责礼品的选定、采购和分发。

（7）筹划承办与代表的联欢活动，安排布置场地，组织节目及所需的文娱器材和饮料物资。

（8）安排适逢节日和代表过生日的庆典活动。

3. 前厅服务小组的工作

前厅服务小组由大堂经理负责。配礼仪服务员，组织好前厅的服务工作。

（1）安排好代表报到，布置报到台，做好登记工作，引领代表至接待室休息。

（2）做好迎接工作，分发行李，准确无误，按住房分配方案引领代表至楼层房间。

（3）做好搀扶工作，为代表按电梯，热情周到服务，保证年老体弱行动不便者上下来往安全。

（4）随时处理代表在大堂所需要承办的事项，主动为其联系安排。

（5）检查前厅卫生和秩序，保证安静、清洁、安全。

（6）妥善处理日常事务和突发事件。

4. 住房分配小组的工作

（1）按接待组的要求，制定住房分配平面图，按身份、地位、安全、需要制订预分方案，交会议主管部门审定。

（2）根据预分方案，通知客房，按需要布置房间，符合接待标准，安排准确无误。

（3）代表入住后，准确整理住房平面图送会议有关部门，以便实施准确服务和方便工作。

（4）掌握客房情况，搭配好机动房，确保应急需要。

（5）负责大会报刊的订购，负责信件、电报、邮件等的分发，各种报刊、信件、邮件随到随送到代表的手中，不得滞压。

（6）负责代表的询问工作，清楚明确解答代表所提出的问题。不清楚的，应查询后再回答代表。

5. 账务小组的工作

（1）建立代表及工作人员的账务登记，要求清楚、准确。

（2）负责代表及工作人员餐券及有价证券的分发，回收整理工作，要求款账相符，负责零星人员用餐售票等工作。

（3）负责代表购物、电话、洗衣、商务等的记账或收款工作，对每一位代表的付款方式要明确，处理要妥当。

（4）做好大会所有消费的记账审核工作，所有消费都必须经大会负责人签字。

（5）整理好与大会总务组的核对结算工作，完整清楚，防止漏报、漏结等现象。

6. 散客疏散小组的工作

由于接待重要会议，往往需要对现有住客临时撤出疏散，新老住客及回头客来店时，要给予妥善的安排，一般应与附近相应的饭店联系好，为其安排住处，待会议结束后再接回饭店，以保证日后的客源和老住房的关系。

（三）客房服务组的主要任务

（1）根据会议的房间预分方案，做好各种类型的房间整理和布置工作，要符合规定的标准。

（2）代表入住后，应立即掌握代表的具体情况，对首长、老弱体残及少数民族等实施相应的特殊服务。

（3）严格把好楼层梯口关，无关人员不得串层，未经代表同意，不得让任何人进入客房，确保安全。

（4）熟记代表的姓名、职务及生活习惯，以方便工作和提供针对性服务。

（5）明确重点服务对象，确立专人服务。

（6）做好果盘的消毒、分发和鲜花的摆放工作。

（7）配合会务组做好物品和资料的分发工作，要准确无误。

（8）做好安全保密工作，对代表丢弃的材料、会议资料，集中烧毁，不随意乱丢，进入客房时要两名服务员同时出入，避免问题的发生。

（四）会场服务组的主要任务

代表开会使用会场次数较多，要特别注重会议服务，保持会议室安静安全，保证会议场所设备正常运转。

（1）根据会议的要求布设会场，摆放所需用品。

（2）一般会场应准备纸、铅笔、红蓝铅笔、墨水、胶水等用品，铅笔要削好以备代表使用。

（3）会前 30 分钟要把门窗打开通风换气，保持空气新鲜，调试通风机，保持适当的温度。

（4）与会议的工作人员保持密切的联系，随时为其服务和处理一些临时的事宜。

（5）把好会场门口，防止无关人员进入，保持周围环境清静、安全。

（6）随时注意会场情况，特别注意有首长来参加会议时，要能应急服务，有条不紊。

（7）适时地续水，对讨论会一般半小时续一次。

（8）散会后应立即清整会场，通风换气，必要时进行消毒，以备随时使用。

（9）进行安全检查，关闭电器电源，检查会场有无代表遗失的文件物品，如有应立即送还或交会务组、保卫部。

（五）餐饮服务组的主要任务

代表进住后最重要的事是在规定的伙食标准的范围内尽力调剂好伙食。不发生食物中毒和传染疾病，保证安全。

（1）根据大会统一的会议伙食标准，制定整个会议期间的菜单，经总经理审查后，报大会总务组。

（2）按照批准的菜单筹划，计算会议期所需的各种饮食品、物料，分别报送定点供应部门，并编报详细的采购计划，筹措食品供应。

（3）选好供餐方式，按照各国家、地区不同生活习惯和现代条件下的用餐方式，灵活安排。现多数人喜欢用自助餐。主要优点是清洁卫生，随意性强，方便灵活，服务简捷，气氛和谐，很少浪费。

(4) 把好采购、运输、保管、加工、制作五道关口，防止交差感染和食物中毒。

(5) 对腐烂变质的原材料和易于中毒的食品坚决不用。

(6) 搞好留样，所有上台的食品都必须留样（24 小时）每日坚持取样化验，化验的结果应及时通报，采取措施使其符合规定的标准。

(7) 根据接待代表的国家、地区特点，要设立清真席、软食席、素食席、忌糖席或少数民族代表专用餐厅。

(8) 与会务组保持密切联系，掌握会议的进程，对外出开会活动需要提前用餐要掌握准确时间，保证按时供餐。

(9) 做好送餐工作，对行动不便、不能来餐厅用餐的要事先了解所需食品，精心制作，送至客房或由客房服务员取餐，对病号要特别加以关照。使其吃得顺口，早日恢复健康。

（六）电话服务组的主要任务

(1) 按会议要求，住店领导、会务组的电话保证其畅通。

(2) 话务员要精心操作，认真接转，杜绝错转电话，特别要保证首长与会务组的电话准确无误。

(3) 准确解答代表提出的问题，自己不能解答和解决的，要主动联系报告有关领导，不能简单回绝。

(4) 准确办理代表交办的事，如留言、叫醒等服务。

(5) 掌握会议主要负责人动向和位置，保证电话随时畅通，指挥灵敏。

（七）后勤保障组的主要任务

(1) 全力确保冷、热水供应，电、天然气、锅炉的正常运转，不出故障，不出事故。

(2) 会前要做好各种机器设备的检查维修，保证运转安全，与市政、水、电、气等有关部门保持密切联系，建立保驾系统，一旦出现故障，能全力抢修。

(3) 建立各种巡视检查系统，及时发现隐患和苗头，把故障事故消灭在萌芽状态。

(4) 对客房、餐厅、前台等服务部位，出现的故障，随叫随修，缺、短件随时补充，保障不影响使用。

(5) 充分地准备各项物品、物资供应，保持适当的储备，不能断档影响使用。

(6) 确保环境的清洁卫生，随时清扫垃圾杂物，保持花木新鲜。

(7) 抓好职工食堂、调剂好职工伙食。关心员工生活，关心员工健康，特别对少数民族员工、病号更需倍加关怀，使其有充沛的精力，圆满完成重要任务。

(8) 关心照顾请来帮助工作的同志，要安排专人负责，解决他们的实际问题，使其生活方便，专心致力于工作。

(八) 参加重要会议工作人员、服务人员守则

(1) 坚持邓小平理论和党的基本路线，在政治上与党中央保持一致，树立全心全意为大会服务的思想。

(2) 服从大会秘书处的领导，认真执行大会的有关规定。

(3) 坚守工作岗位，认真履行职责。如有事离岗，必须事先请假，经领导批准。

(4) 需请示报告的事项，不得擅自决定，以大会名义对外联系要按规定程序报批。

(5) 提高警惕，严守大会秘密，妥善保管大会文件、简报和资料，不得外传，不得随意复制，不得对外泄露大会尚未公开的情况，未经领导批准，不得接受记者采访。

(6) 按规定使用大会各类证件，不得转借，防止丢失。如有丢失，及时报告大会警卫组。

(7) 严格遵守住地和会场出入制度、会客制度、防火制度以及各项安全要求。在指定的会场工作和参加活动，非工作需要，勿到其他会场活动。

(8) 开大会时，遵守大会纪律，服从现场有关工作人员指挥，按各自岗位和指定区域工作或听会，不得在前厅滞留、喧哗、躺卧、打扑克、吃零食，除记者外，不得带照相机、录像机进入会场。

(9) 不要在会场找代表或领导人签字、合影，不得擅自请代表参加各种活动，不得搞各种广告宣传和商品推销活动。

(10) 讲文明、讲礼貌、守纪律，全心全意地为代表和大会服务。